»Was bleibt da noch übrig für Trier, das sich ja nicht nur als Zentrum der Welt, sondern als neues Jerusalem, als irdisches Paradies, als Auge des Orkans wähnt, während ringsum alles in Scherben fällt?«

Diese Frage richtet der Schriftsteller Ludwig Harig an Deutschlands älteste Stadt. Eine Antwort darauf wird die zukünftige Rolle Triers im kommenden Europa geben können. Für die Vergangenheit hat die Stadt in mannigfaltiger Weise Zeugnis abgelegt: Augusta Treverorum, Treveris, Trier, Trèves, die Namen spiegeln die Geschichte einer Stadt, die sich im Laufe von mehr als zwei Jahrtausenden immer wieder neu konturiert. Die frühe und früheste Stadtgeschichte wird nicht nur aus historischen Quellen und archäologischen Grabungsfunden belegt, sie ist bei einem Gang durch die heutige lebendige Altstadt auf Schritt und Tritt zu erleben. Ein literarischer Spaziergang soll auf den folgenden Seiten den Leser durch Geschichte und Lebensfülle von zwanzig Jahrhunderten führen.

insel taschenbuch 1574
Trier

»Trier das sage ich und ist auch gewiß, die älteste Statt in Teutschland ist.«
Abraham Saur, 1593
Turm der St. Gangolfskirche über dem Hauptmarkt

TRIER

Deutschlands älteste Stadt
Reisebuch
Herausgegeben von
Michael Schroeder
Mit Fotografien von
Konstantin Schroeder
Insel Verlag

»Reise! Und grüß durch mein Wort
die Gegenden, Buch, die ich liebe …«
Ovid, Tristien, I, 1, 15

insel taschenbuch 1574
Erste Auflage 1994

Text- und Bildnachweise am Schluß des Bandes
Vertrieb durch den Suhrkamp Taschenbuch Verlag
Umschlag nach Entwürfen von Willy Fleckhaus
Satz: Fotosatz Otto Gutfreund GmbH, Darmstadt
Druck: Nomos Verlagsgesellschaft, Baden-Baden
Printed in Germany

1 2 3 4 5 6 – 99 98 97 96 95 94

ANNÄHERUNGEN

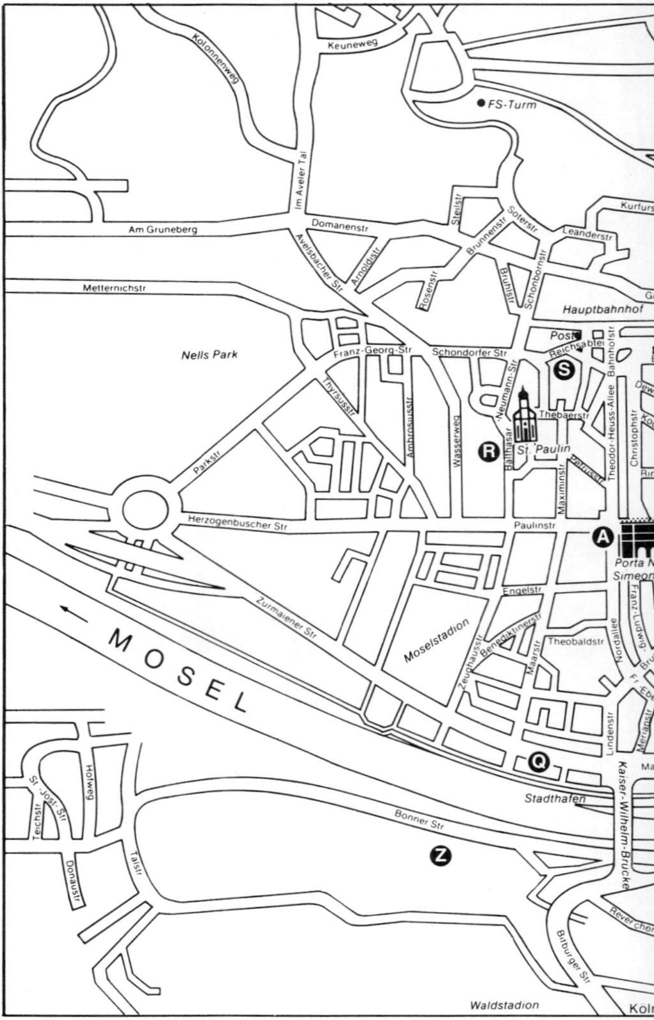
Kolonnenweg
Keuneweg
FS-Turm
Im Aveler Tal
Am Gruneberg
Domanenstr
Steilstr
Brunnenstr
Soterstr
Leanderstr
Avelsbacher Str
Arnoldistr
Rosenstr
Bruhlstr
Schonbornstr
Metternichstr
Hauptbahnhof
Post
Reichsabtei
Nells Park
Franz-Georg-Str
Schondorfer Str
Balthasar-Neumann-Str
Bahnhofstr
S
Thyrsusstr
Ambrosiusstr
Wasserweg
Thebaerstr
Theodor-Heuss-Allee
Christophstr
R
St. Paulin
Parkstr
Maximinstr
Petrusstr
Herzogenbuscher Str
Paulinstr
A
Zurmaiener Str
Engelstr
Moselstadion
Benediktinerstr
Zeughausstr
Maarstr
Theobaldstr
Nordallee
MOSEL
Lindenstr
Q
Kaiser-Wilhelm-Brucke
Stadthafen
Hofweg
St.-Jost-Str
Teichstr
Donaustr
Talstr
Bonner Str
Z
Bitburger Str
Waldstadion

Retzgrubenweg
Sickingenstr.
Amphitheater
Olewiger Str.
Richterakademie
Wust-Str.
G.-Schaffer-Str.
Berliner Allee
Karlsweg
Tessenowstr.
An der Ziegelei
Staufenbergstr.
Am Herrenbrünnchen
Metzer Allee
Wisportstr.
Rotbachstr.
Franz-Buß-Str.
Straßburger Allee
Auf der Weismark
Helenenstr.
Hermesstr.
Schützenstr.
Agritiusstr.
Wilmoskystr.
Spitzmühle
Bernhardstr.
Arnulfstr.
Am Kiewelsberg
Landesmuseum
Kurf. Palais
Kaiserthermen
Palastgarten
Basilika
Mustorstr.
Leostr.
Leoplatz
Stadtbad
Weberbachstr.
Konstantinstr.
Jesuitenstr.
Gerberstr.
Löwenbrückener Str.
Heiligkreuzer Str.
Hawstr.
Aulstr.
St. Matthias
Matthiasstr.
Medardstr.
Saarstr.
Neustr.
Europahalle
Viehmarkt
Hindenburgstr.
Hohenzollernstr.
Stresemann
Stadttheater
Brückenstr.
Rathaus
Kaiserstr.
Südallee
Gilbertstr.
Nikolausstr.
Saarbrücker Str.
Dietrichstr.
Metzelstr.
Zuckerbergstr.
Böhmerstr.
Salvianstr.
Windmühlenstr.
Krahnenstr.
Feldstr.
Friedr.-Wilhelm-Str.
Barbarathermen
Pacelliufer
St.-Barbara-Ufer
Konrad-Adenauer-Brücke
Krahnenufer
Alter Kran
Römerbrücke
Luxemburger Str.
Im Speyer
Ottostr.
Eurener Str.
Hornstr.
Viktoriastr.
Markusstr.
Gneisenaustr.
Mariensäule
Markusberg
Busental

ANTE ROMAM TREVIRIS STETIT

Ein Stadtrundgang

Michael Schroeder

Ante Romam Treviris stetit, annis mille trecentis: Vor Rom stand Trier, eintausend und dreihundert Jahre.« Keine andere Stadt ist je stolzer in Konkurrenz zum Ewigen Rom getreten, als es Trier mit diesem Vers getan hat, und keine Bürgerschaft hat je unverdrossener und überzeugter bis zum heutigen Tag an dieser Aussage festgehalten.

Reich, glücklich, berühmt und groß vor allen anderen Städten hat einst ein Römer die Augusta Treverorum beschrieben. Der Glanz des Roms an der Mosel zur Cäsarenzeit schwand in zwei Jahrtausenden dahin. Geblieben ist zu Stein gewordene Geschichte, deren Bauten und Denkmäler keine andere Gemeinde diesseits der Alpen ihr eigen nennen kann. Den selbstbewußten modernen Menschen lassen die Denksteine vergangener Zeiten verstummen. Tief ist der Eindruck der steinernen Sprache inmitten der umliegenden Natur mit ihren Weinbergen, Wäldern und Wiesen.

Der Trierer, der seine Stadt vorstellen soll, fragt besorgt: Wo beginnen bei dieser überreichen Fülle? Vielleicht beim Alter! Pardon, eine Serenissima fragt man nicht nach ihrem Alter; und doch: Trier ist die älteste Stadt Deutschlands.

Schon ab dem dritten Jahrtausend vor Christus sind in der Trierer Talsenke menschliche Siedlungen nachzuweisen, und die Schwierigkeiten Cäsars während der Eroberung des damaligen Galliens mit dem im weiteren Umfeld ansässigen keltischen Reitervolk der Treverer kennen wir aus dem *bellum Gallicum* (II 24,4 und V 3,1), wo es heißt: »Die Treverer haben die bei weitem stärkste Reiterei ganz Galliens und verfügen über eine große Menge Fußvolkes ...«

Die politische Neuordnung Galliens ab 27 v. Chr., und, damit verbunden, das Anlegen eines Straßennetzes von Südgallien her über Lyon und Metz zum Rhein hin, die Mosel als Haupthandelsweg und die umliegenden schützenden Wälder, machten eine Stadtgründung durch die Römer am rechten Moselufer mit dem in mehreren Terrassen abfallenden, hochwasserfreien Gelände nahezu zwingend: Um 17 v. Chr. wird eine Holzbrücke über die Mosel geschlagen, und bald wächst hier ein blühender Ort heran. Augustus (27 v. Chr. bis 14 n. Chr.) weilte selbst in den Jahren 16-13 v. Chr. in Gallien, und auf Anordnung des Kaisers wurde Trier möglicherweise durch einen offiziellen Gründungsakt an einem 1. August des Jahres 16 v. Chr. als Augusta Treverorum, also als Stadt und Hauptort der Stammesgemeinschaft der Treverer konstituiert. Archäologische Zeugnisse belegen dies. Somit ist Trier die erste und älteste Stadt auf deutschem Boden.

Die civitas wächst rasch, und mit den römischen Beamten, Handelsunternehmen, Gelehrten und Künstlern hält eine südliche Kultur und Zivilisation Einzug an der Mosel. Dadurch entstehen im Laufe der ersten vier nachchristlichen Jahrhunderte die vielfältigsten Zeugnisse der Architektur und Kunst, wie sie keine andere Stadt nördlich der Alpen besitzt. Der alte Brückenübergang wird in Stein ausgeführt, eine Stadtmauer hochgezogen, ein Amphitheater eingerichtet und eine Thermenanlage eröffnet (»Barbarathermen«). 117 n. Chr. wird Trier Hauptstadt der gallischen Provinz Belgica prima.

Gegen Ende des dritten Jahrhunderts n. Chr. erhebt Kaiser Diokletian (284 bis 305 n. Chr.) die nun Treveris genannte Stadt zur römischen Kaiserresidenz des weströmischen Teilreiches: Trier zählt somit neben Rom, Byzanz und Alexandria zu den damaligen Weltstädten. Sechs Kaiser residieren hier in der Folgezeit. Das junge Christentum erblüht in diesen Jahren und wird von einem Bischof betreut und geleitet: Somit ist Trier zudem der älteste Bischofssitz in Deutschland und einer der ältesten Europas.

Unter Kaiser Konstantin (280 bis 337 n. Chr.) wird der neue Glaube zur Staatsreligion erhoben. Es entstehen die prächtigsten Bauwerke: eine Palastanlage mächtigen Ausmaßes, die Aula Palatina, heute Basilika genannt, die Kaiserthermen und eine riesige Doppelkirchenanlage, die nur mit der Grabeskirche in Jerusalem und dem ersten Bau der Lateranbasilika in Rom zu vergleichen ist. Trier zählt zu dieser Zeit 80000 Einwohner. Die unübersehbare Fülle der Funde ist heute im Landesmuseum und Bischöflichen Diözesanmuseum zu besichtigen.

Im 5. Jahrhundert erobern die von Nordwesten anströmenden Franken die Stadt; die karolingische Reichsteilung von 870 schlägt Trier zum ostfränkischen Teil des Reiches. Im Jahre 958 wird als Zentrum der mittelalterlichen Stadt in der Fluchtlinie des Domes auf dem heutigen Hauptmarkt das Marktkreuz errichtet. Die Trierer Erzbischöfe werden im 13. Jahrhundert Kurfürsten des Reiches, zusammen mit Köln und Mainz. Zwischen 800 und 1500 entstehen bedeutende Bauwerke der Romanik und der Gotik, Klöster und Stifte werden errichtet, Burg- und Bürgerhäuser geben der Stadt ein neues Gepräge. Trier ist nun Hauptstadt des bis zur Französischen Revolution bestehenden Kurstaates. Zeiten wirtschaftlicher und kultureller Blüte und Zeiten des Krieges und des Verfalls wechseln in der Folge einander ab. Eine Universität wird 1473 gegründet. Renaissance, Barock und Rokoko geben den Kirchen, Adelshöfen und der kurfürstlichen Palastanlage mit den ausgedehnten Gärten Glanz und künstlerische Ausformung. Unter dem letzten Kurfürsten Clemens Wenzeslaus, einem aufgeklärten Fürsten, erlebt Trier eine späte kulturelle Blüte. 1789 bricht in Frankreich die Revolution aus: Französische Truppen erobern 1794 Trier, und die Stadt fällt an das Nachbarland. Nach den Napoleonischen Kriegen kommt Trier 1815 an den Staat Preußen. 1945 wird es Teil des neugegründeten Landes Rheinland-Pfalz.

Der heutige Besucher der Stadt, sei es, daß er mit dem Zug reist oder über eine der Autobahnen anlangt, wird zwangsläufig bei der Einfahrt in die Stadt zu deren Wahrzeichen geführt: der Porta Nigra (A). Das einzig erhaltene der vier römischen Stadttore wurde im 2. Jahrhundert n. Chr. an der Nordseite der Stadtmauer errichtet. Die Zeit hat seine (mit Eisen verbundenen) Sandsteinquader geschwärzt. Seine heutige beeindruckende Gestalt wurde ihm in Napoleonischer Zeit zurückgegeben, nachdem es seit dem 11. Jahrhundert durch Umbauten eine von Erzbischof Heinrich geweihte doppelgeschossige Kirche, St. Simeon, beherbergte; die schöne romanische Apsis mit dem für die sogenannte lothringische Baugruppe typischen oberen Umgang sowie einige Reliefarbeiten im Inneren des Baus zeugen hiervon. Hier im Norden war in römischer Zeit der Stadtbereich zu Ende. Nachdem die Porta Nigra als Pfarrkirche dem heiligen Simeon geweiht war, entstand ein anliegendes Konventsgebäude im 11. Jahrhundert, das sogenannte »Simeonstift«, das mit seinem obergeschossigen Kreuzgang um einen Innenhof (Brunnenhof) herum wohl einzigartig ist.

Am Stadttor zur römischen Innenstadt sollte ein Spaziergang durch Trier beginnen. Wir folgen der Simeonstraße in Richtung Hauptmarkt. Auf dem Weg dorthin kommen wir am sogenannten Dreikönigshaus (B) vorbei, einem spätromanischen Wohnturm des 13. Jahrhunderts, der mit seinen farbig gefaßten, runden Fensterbögen recht fremdländisch wirkt. An einigen schönen Bürgerhäusern des Barock und Klassizimus sowie am Eingang zum Judenviertel (»Judengäßchen«) vorbei gelangen wir zum »Hauptmarkt« (C), der zu den schönsten Marktplätzen Europas zählt. Im Zentrum erhebt sich das 958 von Erzbischof Heinrich errichtete Marktkreuz; ein wenig versetzt plätschert der im Stil der Frührenaissance 1595 gestaltete Petrusbrunnen, der als Bekrönung den Stadtpatron St. Petrus trägt. Der hohe Turm der gotischen Marktkirche St. Gangolf (D), an der Wende vom 14. zum 15. Jahrhundert errichtet, wacht über das Geschehen zu seinen Füßen, und Punkt zehn Uhr am Abend mahnt die »Lumpenglocke« seit undenklichen Zeiten die säumigen Weinliebhaber zur Heimkehr.

Schmuckstück des Platzes ist das ehemalige Ratsweinhaus, nach seinen Stützpfeilern »Steipe« (E) genannt. Um 1480 errichtet (im Krieg völlig zerstört und wieder aufgebaut), zeigt sie im unteren Geschoß vier Patrone des Trierer Landes: den hl. Jacobus, die hl. Helena, den hl. Petrus und den hl. Paulus. Im ersten Stock bewachen geharnischte Männer mit der Stadtfahne (in Rot ein goldener Petrus mit Schlüssel und Bibel) die Stadtrechte. 1684 wurde umseitig das »Rote Haus« angebaut, das auf seiner mit barocken Voluten geschmückten Giebelwand den hohen Ruhm Triers verkündet: »Ante Romam Treviris stetit, annis mille trescentis. Perstet et aeterna pace fruatur. Amen.«

Wenden wir uns um, so erblicken wir durch die schmale Sternstraße hindurch die Front des Domes (F). Am Palais Walderdorff entlang gelangen wir auf den von barocken Domkurien mit ihren verwunschenen Gärten umbauten »Domfreihof«.

Beeindruckt schauen wir auf den romanischen Westbau aus dem 11. Jahrhundert der »Hohen Domkirche Sankt Peter«, der Trierer Bischofskirche. Der erhalten gebliebene römische Kernbau des 4. Jahrhunderts wurde in verschiedenen Epochen erweitert: Nach der Front des 11. Jahrhunderts wurde im 12. Jahrhundert der Ostchor angefügt, der Domkreuzgang im 13. Jahrhundert und die Heiltumskammer für die Tunika Christi, den »Heiligen Rock« im beginnenden 18. Jahrhundert. Mit seinen vielen Stilrichtungen, die sich nach einer zehnjährigen Renovierung des Baus harmonisch aneinanderfügen, stellt die Bischofskirche auch im übertragenen Sinne die Einheit in der Vielheit dar. In der seitlich entlanglaufenden Windstraße kann man das römische Mauerwerk des Kernbaus bewundern: Die ehemalige konstantinische Doppelkirchenanlage, eine der größten auf der Welt überhaupt und in den Jahren zwischen 326 und 348 entstanden, erstreckte sich in ihren Ausläufern bis unter den heutigen Hauptmarkt. Ihre Entstehungsgeschichte ist in engem Zusammenhang mit der Grabeskirche in Jerusalem, der Geburtskirche in Bethlehem und dem frühen Bau der Lateranbasilika in Rom zu sehen. In der Windstraße beherbergt das Bischöfliche Diözesanmuseum die auf der Welt einmaligen konstantinischen Deckengemälde, die nach dem Krieg in der zerbombten Domkirche aufgefunden wurden und Familienporträts des kaiserlichen Hauses zeigen.

Unmittelbar neben dem Dom erhebt sich die »Liebfrauenkirche« (G), die früheste und eine der schönsten Schöpfungen der Gotik in Deutschland, anstelle der römischen Basilika in den Jahren 1235 bis 1260 errichtet.

Folgen wir nun der Liebfrauenstraße: Dem bischöflichen Palais gegenüber liegt der schwunghaft verspielte Bau des Palais Kesselstadt (1740-1745). Wir gehen weiter und gelangen zum Constantinplatz. Hier, auf dem ehemaligen Gelände der römischen Palastanlage, beeindruckt die Aula Palatina (H), heute »Basilika« genannt, der Thronsaal der römischen Kaiser in seinen gewaltigen Ausmaßen von 67 m Länge, 27 m Breite und 30 m Höhe. Die späteren Kurfürsten nutzten die Größe des Baus und integrierten ihn in ihre Residenzanlage. So kommt es, daß sich an die Basilika ein Ost- und Nordflügel, der »Rote Turm« und das »Petrusportal« aus der Renaissance anschließen und ein prachtvoller barocker Südflügel (I), von Johann Seiz 1757 bis 1761 für den damaligen Kurfürsten Johann Philipp von Walderdorff errichtet. Der Palastgarten mit seinen Skulpturen wurde der ehemaligen Gartenanlage nachempfunden. Hier finden sich Teile der mittelalterlichen Stadtmauer, hinter der das Römische Provinzialmuseum oder Landesmuseum liegt. Dort sollte man unbedingt die archäologischen Funde des Trierer Landes aus der Römerzeit besichtigen. Abschluß der Gartenanlage in südlicher Richtung bilden die Ruinen eines riesigen Badepalastes, die Kaiserthermen (J), errichtet im 4. Jahrhundert. Die Warmwasserbecken, Warmluftbäder, Kaltbäder, die weitverzweigten unterirdischen Gänge und eine Palästra mit einer Fläche von 140 x 260 m sind zu besichtigen. Das Wasser für diesen Badespaß wurde vom gegenüberliegenden Petrisberg (»mons martis« zur Römerzeit) hinabgeleitet: Hier, am Fuß des Stadtberges, liegt, heute eingebettet zwischen Reben und zu Fuß von den Kaiserthermen aus zu erreichen, das »Amphitheater« (K), das bereits um 100 n. Chr. errichtet wurde. Es bietet 25 000 Besuchern Platz, und die unterirdischen Käfige lassen die Tierhetzen und Gladiatorenkämpfe noch ahnen, an denen die einheimische Bevölkerung mehr und mehr Gefallen fand.

In westlicher Richtung befinden wir uns genau in Fluchtlinie der Römerbrücke (N), die wir über die Südallee erreichen können. Wir werden dabei an einer weiteren ausgedehnten Badeanlage des 2. Jahrhunderts n. Chr. vorbeikommen, den »Barbarathermen« (L), und können in südlicher Richtung das Grab des Apostels Matthias (M) besichtigen, über dem sich die romanische Basilika (10./12. Jahrhundert) der Benediktinerabtei St. Matthias mit ihrem wuchtigen, burgartigen Barockvorbau erhebt. Auf Anfrage hin kann man frühe römische und christliche Grabanlagen besichtigen, unter anderem befinden sich hier die Gräber der ersten Trierer Bischöfe des 3. Jahrhunderts Eucharius, Valerius und Maternus.

Die Südallee endet an der Mosel: Fünf Pfeiler der »Römerbrücke« (N) sind original erhalten und seit dem 2. Jahrhundert n. Chr. fest im Moselgrund verankert. Wer bei sonnigem Wetter am Flußufer entlangschlendern will, wird dort zwei alte Hafenkräne von 1413 und 1774 (O) finden, am Kloster St. Irminen (P), mit den Resten der römischen Kornspeicher, an St. Katharinen und St. Martin vorbeiwandern, bis er in das idyllische »Zurlauben« (Q) gelangt, das eine Zeile von Fischerhäusern des 18. Jahrhunderts aneinanderreiht und nach den etwas oberhalb angelegten Sommerlauben seinen Namen erhalten hat. Von der Lindenstraße und Nordallee aus gelangt man wieder zum Ausgangspunkt der Stadtführung: zur Porta Nigra. Durch die gegenüberliegende Paulinstraße gehen wir ein kurzes Stück, um die wundervolle Rokokobasilika von St. Paulin (R) zu besichtigen, einen Bau nach Plänen Balthasar Neumanns 1734 bis 1751 über den Gebeinen der Trierer Märtyrer errichtet. Die Deckengemälde von Ch. Th. Scheffler erzählen in eindrucksvollen Bildern das Martyrium der thebäischen Legion und der Trierer Christen unter Kaiser Diokletian. In unmittelbarer Nähe liegt das Kirchengebäude einer der größten Klosteranlagen und reichsten Abteien des Mittelalters: St. Maximin (S). Im Zentrum der Stadt blieben noch zu erwähnen die Jesuitenkirche aus dem 14. Jahrhundert (T) und die danebenliegende Alte Universität, die von 1473 und bis zur Französischen Revolution in einem Baukomplex aus den Jahren 1614 und 1775 (U) installiert war. Unter dem Viehmarktplatz (V), hier lag das römische Forum, legten Archäologen vor einigen Jahren eine dritte Thermenanlage frei, deren Erhalt und Gestaltung zur Diskussion und neuen Planungen anregte. In unmittelbarer Nähe des Viehmarktes liegt die Brückenstraße, wo sich das Elternhaus Karl Marx' befindet: ein schöner alter Barockbau mit rückwärtigem Garten. Ein Juwel salischer Baukunst ist die romanische »Heiligkreuzkapelle« (W), um 1050 errichtet, im gleichnamigen Stadtteil Heiligkreuz.

Vieles bliebe noch zu sagen: zum Beispiel, daß man in Trier Moselfränkisch spricht, einen Dialekt, der sich in Luxemburg zu einer eigenen Nationalsprache entwickelte, oder daß das eigentliche Nationalgetränk der Trierer der »Viez« ist, ein starker, herber Apfelwein, Relikt der keltischen Besiedlung, wie es die zahlreichen Bildnisse der Göttin Epona mit ihrer Schale voll Holzäpfeln belegen. Berühmte Weingüter haben ihren Sitz in

Trier. Die ausgedehnten Kelleranlagen unter den Häusern und Straßen sind eine Stadt für sich: Wer Spaß daran hat, sollte sich dieses unterirdische Reich der Kellermeister nicht entgehen lassen. Doch bevor wir bei einem schönen Glas Moselwein und vielleicht einer Portion gebackener Moselfische den Besuch Triers ausklingen lassen, wollen wir noch einmal einen Blick auf das Panorama der Stadt werfen. Wir können dies von der Mariensäule (X) oder vom Petrisberg (Y) aus unternehmen. Im Sommer lohnt es sich, in Muße von der mit Palmen bestandenen Terrasse des »Weißhauses« (Z) den Blick über den glitzernden Fluß und die Stadt wandern zu lassen. Dann zeigt sich uns Trier, wie es Holzschneider des Mittelalters in ihren Bildern festgehalten haben. Zu Füßen scheint sie uns zu liegen, die Augusta Treverorum, die Stadt der Trierer, Sancta Treviris, das heilige Trier, und mit dem weisen Lächeln einer uralten Kaiserin spricht sie zu uns: Ante Romam Treviris stetit – vor Rom stand Trier. Dann bleibt uns nur zu erwidern: »Perstet, et aeterna pace fruatur, Amen. – Möge es weiterhin bestehen und ewigen Friedens sich freuen, Amen!«

Trierer Stadtsiegel,
um 1113

WELTSTADT IM WINKEL – EINE ANNÄHERUNG AN TRIER

Matthias Schrecklinger

Es kann geschehen, daß man von einem glänzenden, von strömendem Leben erfüllten Boulevard einer Stadt in eine Seitenstraße einbiegt und unversehens in eine andere Welt entrückt wird. Schöne, stille Häuser, von unbekannten und dennoch vertrauten Gärten begleitet, säumen den winkligen Zug der Gasse. Man ist fremd, man weiß: hier bist du nie gegangen, und spürt gleichwohl eine Erinnerung; vielleicht hat man diesen Straßenzug geträumt, vielleicht sind es auch die längst erloschenen Bilder der Ahnen, die man wie einen Traum im Blut trägt und die jetzt ins Bewußtsein strömen. Gleichviel: diese Straße erscheint uns zugehörig, man geht schneller und mündet plötzlich in einen weiten, überraschend geräumigen Platz, dessen Maße in einem dämmernden Licht sich nicht erschließen. Der Aufstieg einer mächtigen Architektur verschwimmt im dunklen Himmel; Mauern, von Grün überwuchert; eine offene Kirchentür, aus der Gesang kommt; man geht an einer alten Mauer entlang, sieht eine von hängendem Grün halb überwachsene Tafel und liest auf ihr überrascht einen berühmten Namen. Bilder aus Stein, fremde Zeichen, von denen man doch weiß, daß sie zu enträtseln sind. Alles scheint Vergangenheit und ist dennoch Gegenwart, vieles verloren und dennoch seltsam unverlierbar.

Dies ist Trier. Der Reisende, der sich von Koblenz moselaufwärts wendet, ist plötzlich aus dem Strom des Verkehrs herausgenommen. Eifriger als anderwärts läßt die Lokomotive ihren Pfiff ertönen, und wenn dies auch durch die kurvenreiche, von vielen Tunnels verdunkelte Strecke bedingt ist, so entsteht doch in diesem gesegneten Land die Vorstellung, daß der Lokomotivführer mit Lust durch die Landschaft fährt. Der Schaffner des Zuges mag ein heiterer, brünetter, gestenreicher Mann sein, der vielleicht einen Ahnen bei der thebäischen Legion hatte, die ehedem in Trier in Garnison lag, als die Stadt Mitte und Haupt des Römischen Reiches war und mit Rom und Byzanz wetteiferte. Manches Gesicht der Reisenden, die auf den kleinen Stationen der Winzerorte mit den klangvollen Namen ein- und aussteigen, erscheint bemerkenswert, unbewußt beschattet von den Ereignissen einer langen Geschichte und dennoch dem Augenblick aufgeschlossen in einer unbekümmerten Gelassenheit und Lebensfreude. Dies ist vielleicht überhaupt der liebenswerteste Zug des Moselfranken, der stets Gegensätzliches mit Anmut zu vereinen wußte. Ein Gleiches geschieht in der Landschaft: die felsigen Stürze und sanften Hänge sind bis zum letzten Sonnenplatz überwuchert vom Reihenornament der Weinberge. Das gleiche Motiv erscheint abgewandelt in der Kunst, rein und schön, in der Darstellung des Christus in der Kelter. Traube und Mensch, in eins in die Kelter gepreßt, verströmen sich in Blut und Wein: göttlicher Trank. Hier und Dort finden sich in der Wirklichkeit des Alltags, und so ist es eine schwerblütige und dennoch fröhliche Frommheit, die den besten Schlag des Moselaners auszeichnet...

Vor Trier öffnet sich das Tal zu geräumiger Breite. Mit den Bergen tritt der Wein zurück, Wiesen und Äcker säumen das Wasser. Der Wechsel von Schiefer zu Buntsandstein macht die Landschaft farbiger und duftiger, und im bläulichen Licht eines feuchten Abends erglüht sie in einem sanften Feuer des Pastells, aus dem wie Rauch die Türme der Stadt aufsteigen...

Wie mächtige, gestrandete Schiffe standen die Bauwerke der Römer; aber sie waren in einem ihnen gemäßen Boden gelandet. Die Basilika: ein Gemäuer von wahrhaft imperatorischen Maßen, das seinesgleichen nicht hat. Der feurige Atem des letzten Krieges hat auch diesen Bau durchglüht, und wie dem Tod ein Geheimnis der Wiedergeburt zugehört, so entstand wunderbarerweise aus der Asche der Zerstörung das alte Antlitz einer königlichen Größe. Seltsames und zugleich Tröstliches geschah überhaupt durch die große Zerstörung des Krieges. Die bürgerlichen Bauten, jene Häuser, die ein selbstbewußtes Bürgertum von der Gotik bis zum ausgehenden Biedermeier gebaut hatte, wurden, wie in fast allen Städten dieses Raumes, schwer getroffen; die Kirchen brannten, die Glocken stürzten von ihren Stühlen, und wie so oft in der Geschichte schwärzte ein unmenschliches Feuer die Mauern der Stadt. Trümmer und Ruinen gehören seit je zum Bild Triers, und als man auch diesmal wieder im meterhohen Schutt- und Aschegrund der früheren Katastrophen neue Fundamente grub, stieß man immer wieder auf die große Vergangenheit, auf das Eigentliche der Stadt, und aus den Erdschichten der Geschichte stieg wie der Vogel Phönix aus der Asche das Unzerstörbare.

Am Kornmarkt gruben Erdarbeiter (die hier geradezu Maulwürfe der Geschichte sind) ein Mosaik aus, und die Bergung des Fundes auf der belebten Straße glich einem täglich sich erneuernden kleinen Volksfest; Jupiter, Agamemnon, Kastor und Pollux kamen aus der Erde; die vom Schwan betörte Leda stieg in heiterer, heidnischer Nacktheit aus der Grube, und ihre Wiederkehr war stets von einem dichten Rund bewundernder Trierer bestaunt. Frisch wie die Farben der Landschaft kam die Vergangenheit in die Gegenwart mit Schieferblau, Traubengrün und Sandsteinrot. Wie ein Feuer glühte aus dem feuchten Erdreich die Sonne des Mittelmeeres, die schon Homer beschien und die auch über Trier leuchtet.

Kostbarere Funde noch und Erkenntnisse barg man aus der Erde im Dombering. Die Zerstörung bot die Möglichkeit neuer Grabungen, und sie wurde klug und sachkundig genutzt. Unter dem frühchristlichen Estrich grub man nach den Ursprüngen des ehrwürdigen Baues und seiner Geschichte. Man fand den

Schutt prachtvoller Malereien aus konstantinischer Zeit; wie kostbares Gold sammelte man aus ältestem Boden die Mörtelstücke einer Deckenmalerei, die zweifellos einen kaiserlichen Prunkraum schmückte. Fünfzig- oder gar sechzigtausend Stücke wurden sorgsam geborgen, von der Größe einer Handfläche bis zur Fingernagelkleinheit, ein geradezu sensationelles Puzzlespiel der Geschichte. In jahrelanger mühsamer und unermüdlicher Geduld und Arbeit entstand dann im wörtlichen Sinne wiederum das Antlitz aus der Asche: Großäugige Frauen, von geflügelten Putten umspielt, blicken uns an, als ob sie lebten. Die Farben sind frisch, mit einem freien, großzügigen Pinsel kühn aufgetragen. In dem starken Blau des Himmelsgrundes, in Braun, Rot, Rosa und Violett, in den farbigen Schatten glaubt man wiederum die Farbigkeit der Landschaft zu spüren. Die Rekonstruktion geschah vorbildlich, und die geborgenen Bilder stellen in ihrer Einmaligkeit ein wichtiges Bindeglied der spätantiken zur karolingischen und ottonischen Malerei dar. Gegen die Gründe einer sorgsamen archäologischen Deutung, daß uns hier die Kaiserin Helena und ihre kaiserliche Schwiegertochter Fausta anblicken, kann kaum ein Zweifel bestehen.

Hier gelang es, eines der schönsten Bilder der späten Antike zu finden; zugleich wurde erhellt, welch bedeutsame Rolle Trier in der Übernahme und Umbildung der antiken Formen in den christlichen Raum spielte. Es ist, als ob in dieser Stadt alles symbolisch geschähe: Durch die Grabungen wurde die Richtigkeit der Überlieferung erkannt, daß vor dem christlichen Imperator mundi der römische Kaiser seinen Palast an der Stelle des Domes hatte. Vielleicht gibt es keinen andern Platz im Norden, auf dem die Übernahme des Antiken ins Christliche so bedeutsam geschah.

Schon als Kinder erfuhren wir hier die Macht der Geschichte. Herzklopfend gingen wir durch die grünüberwachsene Stille des Amphitheaters, und wir wußten, daß dort die Erde so dun-

Blick vom Petrisberg auf Trier.
Im Herzen der Stadt die ›Domus beatae Helenae‹,
der Dom, und die Liebfrauenkirche

kel war, weil sie das Blut der Märtyrer getrunken hatte. Durch die überschwengliche Festlichkeit des barocken Sankt Paulin stiegen wir in die Krypta und sahen in der Kühle der Gruft erschauernd die bleichen Knochen mit Silberdraht auf rote Seide geheftet. Auf dem Platz vor der Kirche war das Blut der thebäischen Legion geflossen, weil sie an den neuen Kaiser Christus glaubte, und zwischen den grünen Weinhängen zog damals die Mosel die rote Spur ihres Blutes bis nach Schweich hin. Und am andern Ende der Stadt, in der Klosterkirche St. Matthias, standen wir am Grab des dreizehnten Apostels, der für den Verräter Judas gewählt worden war. Am Ufer der Mosel sammelten wir kleine Kiesel von seltsamer rötlich-brauner Farbe; wir glaubten, daß sie vom Blut so erregend getönt seien, und manchmal, wenn wir den sonntäglichen Opfergroschen in der Tasche zurückbehielten, warfen wir solch einen dunklen Kiesel in den Opferstock und beruhigten unser Gewissen mit der Meinung, daß ein vom Blut der Glaubenszeugen gefärbter Stein ungleich wertvoller sei als ein schäbiger Groschen.

Es sei dies erzählt als Beispiel, wie die Vergangenheit in Trier auf das jugendliche Gemüt einströmt und wie es unbewußt Antike und Christentum einatmet. Mit Christus ist für die kindliche Phantasie in dieser Stadt die Pracht und Mächtigkeit eines Herrschers verbunden: ein antikes Erbe. Und in dem festlichen Gang des Kirchenjahres sahen wir in den Gottesdiensten der Domkirche die demütigen Priester in prächtigen, königlichen Gewändern sich verneigen vor dem größeren Herrscher Christus, und zugleich sahen wir in der Wand des Gotteshauses noch einen Fensterbogen des römischen Kaisers. In den Laufgängen und in der Dunkelheit der Porta Nigra wehrten wir spielend die wilden Scharen der Germanen ab, die in unsere Stadt eindringen wollten. Zugleich wußten wir, daß in dem Gemäuer der griechische Mönch Simeon schlief, und mit seiner Grabkirche hatte er die Porta eingeschlossen und vor der Vernichtung bewahrt. In einem Bogen des Durchgangs wuchs, grün herabhängend, aus den Quadern eine Pflanze wie ein verschimmelter Bart; eine Zeitlang glaubten wird fest, daß es der Bart des Mönches sei, der da aus der Mauer hing.

So ist auf Schritt und Tritt die Vergangenheit Gegenwart, und das Geheimnis und das Leben der Stadt erschließen sich nur einem geduldigen Besucher. Man nennt Trier das »größte Dorf der Eifel«; andere sprechen von einer »toten Stadt«. Wenn hier das Grenzschicksal gemeint ist, das heute die Stadt aus eigener Kraft nicht meistern kann, mag man zustimmen.

Öffnet man jedoch die Grenzen, so öffnet man zugleich uralte Straßen eines europäischen Verkehrs. Im Kampf Roms gegen den germanischen Ansturm war Trier die bedeutendste Stadt des nördlichen Europa. Am Trierer Ufer wurden die Güter verladen, die von den Straßen des Südens und Westens für die große Front des Limes herangeschafft wurden. Der dichterische Bericht des Ausonius über den Schiffsverkehr und das Leben auf der Mosel klingt heute wie ein verlorenes Märchen. Aber auch die Erzählungen unserer Väter sind schon märchenhaft genug für uns: Es gab auf Grund eines Zollvertrages keine Grenzen vor dem ersten Weltkrieg. Die Offiziere der Trierer Garnison tranken ihren Sonntagskaffee in der benachbarten Stadt Luxemburg; über die verwandtschaftlichen Beziehungen von Hüben und Drüben hinausgehend, waren die menschlichen eine Selbstverständlichkeit. Dies alles haben die Kriege unterbrochen, aber nicht zerstört. Trier, mit seinem Beispiel der Geschichte, weiß um die Torheit nationalistischer Grenzen. Die »unmoderne« Stadt hält nichts von einem »Fortschritt«, der seinen Ehrgeiz in einer immer schnelleren Umrundung des Erdballs befriedigt. Hier glaubt man mit einigem Recht, daß die Möglichkeit, unbehindert die Brücke zum Nachbarland überschreiten zu können, mehr wert ist.

Dies also ist Trier; und es kann nur ein unvollkommener Versuch sein, ein Bild zu zeichnen. Einheit der Gegensätze, lautet vielleicht die Formel, mit der man das Wesen der Stadt erfaßt. Schon in der Landschaft ist es zu spüren: Dunkel und Hell, Felsen und Wein, Wasser und Berg! In der Stadt verdichtet sich die Atmosphäre zu großartiger Geschichte: Kaiser und Gott, der mächtige Atem des Domes gegen das stille Blühen der Gewölbe von Liebfrauen; der Ruch des säuerlich gärenden Weines aus den Kellern des Palais Kesselstadt und der Duft des Weihrauchs aus den Kirchen des Dombezirkes: das Gegensätzliche fügt sich zu einmaliger Einheit und Anmut.

ÜBERALL WO AUF ANTIKEM WEITERGELEBT WORDEN IST

Erhart Kästner

Überall wo auf Antikem weitergelebt worden ist, in Rom, Regensburg, Trier, Verona, Nimes, Konstantinopel, liegt der Asphalt hoch überm alten Niveau. Man kennt das; die Busse fahren, wo früher das oberste Geschoß oder das Dach war, die Urkirchen sind in die Grube gefahren. Wo der Spaten der Ausgräber einschnitt, liegen die Schichten zu Tag, man kann die verflossene Zeit sehen, im Herbarium gepreßte zweitausend Jahre, das verstummte Gute und Böse.

Hier lernt man, was man überall anderswo auch lernen könnte und nicht lernt: daß Leben bedeutet, auf Schutt leben. Auf Vergessen und Täuschung. Auf einem doppelten Boden, einem Grund, der kein Grund ist. Zuschütten, die Leidenschaft derer, die weiterleben. Zuschütten, begraben. Nur immer zuschütten, mit Mienen der Trauer, es ist aber viel Erleichterung dabei. Zuschütten, abwenden.

Wer es ändern wollte, weiß nicht, daß Abwurf von Wissen, gelöschte Tafel, Unwissen, der Sinn einer jeden Geburt ist. Schon den Söhnen klarzumachen, was zu Zeiten der Väter geschah, will nicht gehen, denn die Söhne können's nicht fassen. Sie interessiert nur, was die Väter falsch gemacht haben; es ist ein leichtes Spiel, das sie spielen. Denn wo sind die Väter, die es nicht falsch gemacht hätten, alles oder doch etwas? Daß sie das wissen, die Väter, macht ihnen den Arm lahm. Auf ihrem Irren gedeihen die Söhne, es ist ihre Ackerkrume, ihr Humus. Wie sie sich kräftigen, ihr Kraut schießt. Zwar auf ihrem Irren werden auch Söhne gedeihen, aber wären sie Söhne, wenn sie das jetzt schon einsähen? Jetzt brennen sie in dem Glauben, daß sie recht und die Väter unrecht haben, und das Schlimme ist, viel läßt sich dagegen nicht sagen, denn in Vergeblichkeit, Irrtum und Halbem enden ja alle. Man nannte das früher: Erbsünde.

Aber Erbsünde, Erbsünde: der Begriff macht die rasend, deren geschworener Leitsatz es ist, daß der Mensch gut sei. Daß er tüchtig sei, allerkennend, allfähig, bloß von einigem Böswilligen vorläufig daran gehindert, die Welt vollkommen zu machen. In diesem Plan darf Erbsünde, Vergeblichkeit, Immerirren nicht vorkommen.

Das läuft auf die Frage hinaus, ob wir besser fahren, wenn wir von unserer Fehlbarkeit überzeugt sind, oder selbstsicher. Ob uns die Fahrt auf dem Siegeswagen bekommt. Kein Zweifel, die Menschheit, durch Wissenschaft tüchtig, auf dem Wege, allwissend zu sein, hat den Siegeswagen bestiegen. Ob dadurch das Menschenantlitz gewinnt?

DU, HEILIGE STADT

Wolfgang Kaussen

Für Katharina Reimers
und Michael Schroeder

Eponensis, wie der Herr
Reitest auch du auf der Eselin,
Reichst den gewaltig duftenden Apfel
Nach den nüchternern Gaben
Von Brot und Wein.

Weinunterwölbte, Blutüberblaute,
Weitheratmende,
Mehr als römische Veste des Mars,
Ei par nisi Roma nihil,
Magnificentissima,
Helenische
Transurbana aeterna,
Gebeizt von gewaltigen Feuern
Wolltest noch buntere Feste?

Turmreiche, Ehrwürdige,
Ringsumsäumte, gläubig Einmütige,
Andächtig Verwachende,
Gelübdeschwere,
Doch gequadert mit
Weißem Sieg auch und schwarz vor Trauer.

Porta Niagara: aschene Fälle,
Glanzspiegelnd auf dem
Asphaltland über dem vom

Hufschlag der Göttin gestampften
Boden fruchtbarer Scholle.

Entschalte, Freihändige standfeste Wand
Niemals prüfbarer Grenze
Zwischen Barbaren und den Seligen
Einer römischen Civitas.
Gezinkte mit Angeln, wehrfreudig
Geschminkt.

Ausgegorne: Fruchtgeist, Geformte: Vorstufe,
Unter Schritten Vorhallen des Paradieses.
Überschnittene: melismelodischster Wohllaut
Ambrosianisch fremdtraulichen
Tongeschlechts.

Immer noch und für immer
Kapitolinische,
Unterm pandeischen Götterhimmel,
Tributfordernde von den berühmtesten
Aller Rheinstädte, Freigiebigste, keine,
Die reichlicher hergibt aus Freundlichkeit.
Venustochter am Thron des Allerhöchsten
Jupiters, preiswürdigste Gärtnerin
Der Schönsten der Schönen.

Legendenübersponnene: im Silberborn
Schaun Kinder das Antlitz der Heiligen Kaiserin,
Zugleich aber Ausgeschaute, Marmorzermalmte,
Göttergeschieden, erloschen, ruhmbedeckt
Unter Mauern Begrabene.

Das Unerklärliche ist in deiner Mitte
Niemals durchschnitten verwahrt,
Reticulato opere,
Von einer die Menschen zum Weinen gar rührenden
Vollkommenheit:

Eine von keiner Lasur je nachvollziehbare
Lohfarbe, doch tot, doch in jeder Luft
Anders, daß keiner sie treffen kann,
Farbe außerhalb jeden Gebrauchs
In allen Ländern der Erde.

Du
Die Sünden vollkommen ablassende
Heilige Mutter denen, die Gaben bieten
Und ihr Leben wenden zumindest
Alle sieben Jahr von Gott
Unverlassen,

Erfüllende, Schließende, Einhaltende,
Ruhigste
Selbst unterm schwarzweiß tötenden Blick
Auf wunderhübschprächtige Reste,
Kolossalisch Erinnerndes,

Ruhigste
Bei der zufälligsten Geburt eines Sohns,
Der seinem Bruder in Barmen
Deinen Geist zu wissen
Bös überließ,

Ruhigste,
Unterm maßhaltigen Blick

Eines protestantischen Klassikers
Wie die Alten, ihrer Weisheit gemäß,
Große Zwecke mit mäßigen Mitteln
Hervorgebracht, heute
Zerstückt, zu andrem Gebrauche
Gewidmet.

Ruhigste
Inmitten von
Artillerie und abgesessenen
Kavalleristen in steifen Stiefeln,
Einquartierern, verfaulenden Futtersäcken,

Ruhigste unter
Rappelschlägen, Präsentiertellergeklapper,
Tierischem Jubel und Vivat und Worten
Von der herablassenden Sorte
Vor weißem Atlas mit aigle d'Empereur.

Ruhigste – schon
Schläfrig nickend zu
Kühnen Konstruktionen unter
Nußbäumen, Mandelbäumen,
Kastanien im Traum
Später Söhne.

PORTA NIGRA –
DAS WAHRZEICHEN DER STADT

PORTA NIGRA

Stefan George

Daß ich zu eurer zeit erwachen mußte
Der ich die pracht der Treverstadt gekannt
Da sie den ruhm der schwester Roma teilte,
Da auge glühend groß die züge traf
Der klirrenden legionen, in der rennbahn
Die blonden Franken die mit löwen stritten,
Die tuben vor palästen und den Gott
Augustus purpurn auf dem goldnen wagen!

Hier zog die Mosel zwischen heitren villen . .
O welch ein taumel klang beim fest des weines!
Die mädchen trugen urnen lebenschwellend –
Kaum kenn ich diese trümmer, an den resten
Der kaiserlichen mauern leckt der nebel,
Entweiht in särgen liegen heilige bilder,
Daneben hingewühlt barbarenhöhlen . .
Nur aufrecht steht noch mein geliebtes tor!

Im schwarzen flor der zeiten doch voll stolz
Wirft es aus hundert fenstern die verachtung
Auf eure schlechten hütten (reißt es ein
Was euch so dauernd höhnt!) auf eure menschen:
Die fürsten priester knechte gleicher art
Gedunsne larven mit erloschenen blicken
Und frauen die ein sklav zu feil befände –
Was gelten alle dinge die ihr rühmet:

Das edelste ging euch verloren: blut . .
Wir schatten atmen kräftiger! lebendige

Gespenster! lacht der knabe Manlius . .
Er möchte über euch kein zepter schwingen
Der sich des niedrigsten erwerbs beflissen
Den ihr zu nennen scheut – ich ging gesalbt
Mit perserdüften um dies nächtige tor
Und gab mich preis den söldnern der Cäsaren!

ROMMEROMBOMM

Stefan Andres

Endlich kam der Tag der großen Gewährung, da ich mit der Mutter nach Trier fuhr. Bis zu diesem ganz besonderen Tag hatte ich die blauen Türme der Stadt nur unklar aus der Ferne gesehen, etwa wenn ich die Kühe an einem Stück Ackerrain auf Maroul weiden ließ, während die Geschwister Kartoffeln setzten. Der April verhüllte mir bald mit einem Dunstschleier, bald mit einem Wurf Wolken die Stadt, die ich in meinen Tag- und Nachtträumen, oftmals wie im Zustand der Blindheit, durchwanderte.

Als ich in der Schule zum erstenmal hörte, wie Moses von einem hohen Berg herab das versprochene Land sah, ohne es betreten zu dürfen, versetzte ich mich leicht in seine Seele. Ich spielte seit der Zeit oft Moses, und die Braun und die Bleß stellten Josua und den andern Begleiter dar, und wir blickten gen Westen in den goldenen Himmel. Die feinen bläulichen Türmchen stachen in die Lücke zwischen den Hügeln, und wir seufzten zu dritt. Ja, ich wußte, dort gab es die großen elektrischen Wagen, die ohne Pferde durch die Straßen fuhren; dort lag der Leib des Apostels Matthias; dort stand die Porta Nigra, von der ich gehört hatte, daß sie sehr schwarz und stark und fast so alt sei wie der Herrgott, der dem Kaiser Konstantin auf dem Berg Kron, also neben unserer Mühle im Dhrontal, mit dem Kreuzesbanner erschienen war. Und es stand dort der Dom, in welchem die Kaiserin Helena einmal gewohnt hatte. Eine Fülle heiliger Orte gab es in dieser Stadt, wo die Erde noch dunkel war vom Blute der Märtyrer. Und auf dem Domplatz, wo der Domstein lag, den der Teufel selber dorthin geworfen, hatte sich früher der Christenverfolger Rixius Varus herumgetrieben, bis ihn ein heiliger Bischof in den Meulenwald in einen dicken

Porta Nigra.
Das Stadttor mit Doppeltor und Zwingerhof wurde im letzten Viertel des 2. Jahrhunderts n. Chr. errichtet

Baum gebannt hatte. Und was hatte man mir sonst noch alles von der Stadt erzählt! Ach ja, die Mariensäule, hoch auf dem Berg, das Pestkreuz, die Römerbrücke! Man konnte diesen Reichtum nicht fassen, und vieles an dieser Stadt war überhaupt geheimnisvoll und ganz und gar unverständlich. Da kamen zum Beispiel Leute mit Schachteln heim, darauf war eine blaue Hand gemalt, und in der Schachtel lagen gefältelte Kleider, – die hatten sie, wie es hieß, in der »Blauen Hand« gekauft. Wie man in eine blaue Hand hineingehen und feinduftende, bunte Stoffe darin kaufen konnte, das war für mich, bevor ich des Rätsels Lösung hatte, so unbegreiflich, daß ich nicht einmal Fragen in dieser Richtung wagte.

Und nun sollte es geschehen! Meine Bitten, die ich an Vater und Mutter, aber ebenso an alle heiligen Märtyrer von Trier gerichtet hatte, waren plötzlich erhört. Meine Mutter mußte zum Bauernverein, und so holte meine Schwester eines Abends die Zinkwanne, und es wurde mir erklärt, daß ich am nächsten Morgen mit der Staatsbahn nach Trier führ, weswegen sie mich jetzt schrubbten, denn wenn man in die Stadt reiste, müßte man festtäglich aussehen. Ich konnte die Nacht nicht schlafen, wahrscheinlich war mein Kopf voller vom heiligen Trier als die »Blaue Hand« von Textilien.

Mutter band sich am andern Morgen die schwarze, seidene Schürze vor, schlang ein ebensolches Tuch um den Kopf und sagte zu mir, während sie mir das braune Samtjäckchen mit den goldenen Knöpfen anzog: »So, mein Knechtchen, un hier haste en Sacktuch, und bleib mir ja immer schön zur Seit. De Stadt is groß, und wenn du dich verlierst, kann dich keiner mehr finden!«

Als ich neben der Mutter die Langfuhr zum Bahnhof hinauspilgerte und die letzten Häuser des Dorfes und die Kühe und Holzapfelbäume am Straßenrand zurückließ, nicht ohne Mitleid, zugleich aber auch mit dem Bewußtsein, daß ich ein bevorzugtes Wesen sei – da leuchtete die Sonne feierlich über Rupp-roth, und anders als sonst sang der Wind in den Telegrafenstangen, zu denen ich von Zeit zu Zeit hintrat, um mein Ohr an ihr rissiges Holz zu legen. »Trier – Trier – Trier« summten sie heute und wußten kein anderes Wort, während sie sonst mancherlei Namen aus der Weite herantrugen und wie den Rosenkranz betende Frauen in sich erwogen.

Daß es damals noch die vierte Klasse auf der Eisenbahn gab, war meiner Mutter wie allen Bauern sehr recht – aber auch mir, wenn auch aus anderen Gründen. Das Abteil hatte vorn und hinten zwei steife Bänke, und man konnte den ganzen Boden sehen, was in mir den Eindruck einer hölzernen Stube erweckte und nicht eines Wagens. Daß man nun in dieser Stube, während der Zug nach Westen fuhr, nach Osten laufen konnte, das erregte mich fast so sehr wie das Geheimnis der blauen Hand. Ich stellte meiner Mutter mancherlei Fragen, die sie aber nur wie mein Hinundherlaufen mit Kopfschütteln aufnahm. Eine alte Bäuerin, die neben meiner Mutter saß, seufzte: »Nä, die Kinder, die von heutzutag, die hann Dinger im Kopp!« Meine Mutter nickte ernst, es konnte aber auch sein, daß der Zug ihr diese zustimmende Bewegung abgenötigt hatte.

Sie hatte die letzten Minuten immerzu angestrengt zum Fenster hinausgeblickt. »Wir sein da, wir sein da«, murmelte sie schließlich aufgeregt, griff nach ihrer Reisetasche, winkte mich herbei und stellte sich an die Tür. Es dauerte noch mehrere Minuten, bis der Zug stand und ich jemand laut rufen hörte: »Trier Hauptbahnhof!«

Wonne und Aufregung überfielen mich in einem Maße, daß ich nur stumm meine Hand in die der Mutter steckte, in einer Art von Geduld, alle Herrlichkeiten zu ertragen, und sollten sie auch so schwer wiegen wie die Porta Nigra.

Unter grünen Bäumen und auf einem Estrich, der härter und glatter war als unsere Tenne, wo wir das Korn droschen, gingen wir einher. Die Menschen waren alle sonntäglich angezogen, keiner trug einen Karst oder eine Heugabel. Manche Männer aber hatten ganz grüne Kleider an und Säbel umgeschnallt, das waren Soldaten, erklärte mir Mutter. Doch sie schien die Soldaten nicht zu mögen, denn sie stülpte die Unterlippe vor und war verstimmt.

Plötzlich blieb sie stehen und machte: »Oh!« Da stand sie also vor mir, die Porta Nigra. Sie war so groß und schwer und mächtig, daß man nichts mehr sagen konnte. Und – so kam es mir vor, und das beklemmte mich ein wenig: sie kümmerte sich nicht um den Beschauer, der Bau drehte uns immerfort und von allen Seiten den Rücken zu. Wir gingen unter ihr her – durch einen der zwei Torbögen. Und wir blieben stehen und wieder guckten wir das schwarze Ungeheuer an. Ich hatte dabei das Gefühl, als ob jede der schmalen, hohen Fensterhöhlen ein düsteres Auge sei, das auf mich herabblickte, regungslos und gleichgültig.

»Oh, Mutter, de Porta Nigra is aber –«

»Nu, mein Knechtchen, wat is sie?«

»Oh, en Biest! En Massik! En Rommerombomm!«

»Wat sagst du – en Rommerom –?«

»Ja, en Rommerombomm!« Ich wiederholte dieses Wort einige Male und schaute dabei die Porta Nigra vorsichtig an, als könnte ich sie mit diesem dicken Wort reizen, als würde sie plötzlich wütend und fiele aus ihrer uralten Ruhe heraus und täte einen zornigen Tritt, um mir nachzulaufen.

»Ihr, Mutter, wenn die Porta Nigra jetzt Bein hätt –«

Sie unterbrach mich, halb erschrocken, halb erbost über mein unsinniges Geschwätz, wie sie sagte. Die Porta Nigra wär kein Tier, sondern ein Haus, sogar ein frommes Haus, denn es wär früher eine Kirche drin gewesen, die Simeonskirche, sagte sie.

»Oh, kann man in sie reingehn?«

Mutter bejahte das harmlos, aber da begann ich auch schon

sie anzuflehen, doch gleich mit mir in die Porta Nigra hineinzugehen. Aber all meine Bitten, die schließlich mit Tränen unterstützt wurden, rührten sie nicht. »Dat kost alles Geld«, antwortete sie mehrmals mit strengem Kopfschütteln, »un wat soll ich in einer Kirch, wo net mehr de Herrgott drin is? Un dann noch bezahlen!«

Aus demselben Grund wollte sie auch nicht in die Elektrische steigen, die auf mich mit ihren prächtigen Farben und ihrem klingelnden Dahinfahren so verführerisch wirkte wie ein Karussell. Mutter erklärte mir, Trier wär nicht groß, und die Elektrische wär nur für die faulen Städter gemacht, die ihr Geld überall zum Fenster hinausschmissen und dann im Alter sich vom Kaiser oder der Stadt Trier ernähren ließen. »So en Sünd un en Schand«, sagte sie, »nä, mein Knechtchen, lieber in der Jugend zu Fuß gehn un im Alter mit der Chais fahren.«

DAS RÖMISCHE STADTTOR »PAR EXCELLENCE«

Curt Schweicher

Unter den Toren, die sich im Kranz der Mauern des römischen Trier öffneten, ist die *Porta Nigra* das einzige, das noch erhalten ist, dafür aber derart gut, daß kein anderes Stadttor in der gesamten römischen Welt, nicht einmal in Rom selbst, seinen Urzustand in solcher Monumentalität zu präsentieren vermag. So denn auch könnte die Porta Nigra den Titel verdienen, als das römische Stadttor »par excellence« angesehen zu werden.

Freilich obliegt es – zur Vollständigkeit des Erscheinungsbildes – dem Betrachter, dem bis zur Höhe von fast 30 Meter sich erhebenden Westturm einen Ostturm mit den gleichen vier Geschossen zuzugesellen (nur drei von ihm sind erhalten) und nach dieser imaginären optischen Ergänzung auch einen Abstrich vorzunehmen: nämlich die im Mittelalter an den um ein Geschoß verkürzten Ostturm angebaute Apsis wegzudenken. Dann hat er die Torburg als ein harmonisches Ganzes vor sich: Zwei Türme flankieren das Doppeltor als einzige Öffnung im untersten Geschoß (andere sind später) und dahinter den Hof, der sich gleichermaßen zur Landseite öffnet. Zwei Fensterreihen über den Toren offenbaren uns die Wehrgänge, die in den Türmen zu Räumen werden. Im freistehenden Turmgeschoß bieten die Reihungen eine Beobachtungsmöglichkeit weithin über die Mauern.

An der *Landseite* jedoch springen die Türme vor; ihr Grundriß ist nun ein Halbkreis. So sind sie »Propugnacula« und können die Zugänge in ihren Schutz nehmen und von der Seite her verteidigen. *Stadtseitig* hätte solches keinen Sinn, und so entfällt dort jegliche Verteidigung. Der Bau bietet uns hier eine flächige Schauseite. Die Türme treten nur wenig vor die Rücklage. Der

Eindruck ist hier strenger, während die Landseite für das ästhetische Erlebnis (das den Erbauern bei einem solchen Zweckbau fremd war) sich sehr plastisch gibt.

Der zwingerartige *Hof* war landseitig durch Fallgatter zu verschließen, deren »Laufschienen« heute noch zu erkennen sind. Da die stadtseitigen Durchgänge durch Holztore verschließbar waren, befand sich der trotz der äußeren Seitenverteidigung möglicherweise eingedrungene Feind in einer Falle und konnte von den Galerien her auf die unangenehmste Art bekämpft werden.

Die *Quadern* sind mörtellos geschichtet. Die Voraussetzung für die Statik war die sorgfältigste Bearbeitung der Lagerflächen. Eine solche Feinheit der nur noch wie gezeichnet wirkenden Lagerfugen findet sich im »römischen Rheinland« nur noch bei den übermäßig langen Quadern der unterirdischen römischen Grabkammer in Köln-Weiden. Horizontal dagegen sind im Innern des Mauerwerkes die Porta-Nigra-Quadern eisenverklammert. Die heute teils sichtbaren, teils in jüngster Zeit aus Restaurierungsgründen mit Kopfsteinen gefüllten, vermauerten »Löcher« stammen aus einer eisenarmen Zeit, in der man das Bauwerk zur Gewinnung dieses Eisens »plünderte«.

Aber nicht nur diese Spuren späteren Geschehens, sondern auch der aus der Bauzeit überkommene Sachverhalt, daß – seltsamer Gegensatz zur feinen »Abschleifung« der Fugen – die Außenseiten der Quadern oft nur sehr roh bearbeitet wurden oder in der Bosse blieben, geben dem Bauwerk einen sehr rustikalen Charakter.

Ist die Torburg unfertig geblieben, sind die Bauarbeiten unterbrochen worden, oder gab man sich mit der Erreichung des Zieles, der Verteidigungsfähigkeit, zufrieden? Jedenfalls ist auffallend, daß man sich von Anfang an und im Gegensatz zu anderen Stadttoren (zum Beispiel in Autun in Frankreich) in dekorativer Hinsicht Zurückhaltung auferlegte. Seit der Erbauung des Marcellustheaters in Rom (insofern es das älteste bekannt gewordene Beispiel für Fassadengliederungen in Art der Porta Nigra ist) folgen sich die vorgelegten *Halbsäulen* in der Reihenfolge der wechselnden »Ordnungen« von Geschoß zu Geschoß: toskanisch (dorisch), ionisch und korinthisch. An der Porta Nigra haben die Halbsäulen keine ausgearbeiteten Kapitelle. Der Halsring ist oft fertig, das Kapitell noch roh. War die toskanische Säule beabsichtigt? Bei allem Rudimentären läßt sich doch eine vielleicht gewollte Vereinfachung erkennen, in der eine Vorform des frühmittelalterlichen Würfelkapitells gegeben sein könnte.

Zu dem ernsten Charakter dieser Architektur paßt sehr gut der ihr erst im Mittelalter gegebene Name des »schwarzen« Tores. Der bei Trier gebrochene und ursprünglich sehr helle graue Sandstein ist durch Zeit und Wetter gedunkelt, teilweise bis zur Schwärze. Die Erbauungszeit muß mit derjenigen der Stadtmauer angesetzt werden. So kann mit guten Gründen eine Entstehung im letzten Drittel des 2. Jahrhunderts v. Chr. angenommen werden.

Und nun zu der spätromanischen *Apsis*. Sie ist das einzige, was noch am Außenbau von der Umwandlung der Porta Nigra in einen Kirchenbau, die *»Simeonskirche«*, kündet. Diese hat allerdings bereits seit einem Jahrhundert bestanden, als man unter Erzbischof Albero von Montreuil daranging (um 1150), den Chorbau an den Ostturm anzusetzen. Die Gründung der Kirche und des Stiftes geschah durch den Trierer Erzbischof Poppo von Babenberg (1016 bis 1047), nachdem sein Freund Simeon, ein in Syrakus geborener Mönch, in der Porta Nigra gestorben war. Dieser hatte seit 1028 als Einsiedler in dem aufgegebenen Tor im Ostturm gelebt. Ein solches Leben eines »Reclusus«, eines, der sich einschließen ließ, hat den Ruf hoher Heiligkeit eingebracht.

Die Kirche war eine Doppelkirche. Wie sie nach der Hinzu-

Innenhof der Porta Nigra

fügung des spätromanischen polygonalen Chores ausgesehen hat, überliefert uns der Stich von Caspar Merian aus der Zeit um 1660. Das Bild ist höchst pittoresk: Das Erdgeschoß der Porta ist zu- und angeschüttet. Eine sehr ansehnliche Freitreppe führt zum unteren Kirchenraum der Doppelkirche, zur Volkskirche. Ein Abzweig der Treppe steigt hinauf zur Stiftskirche. Somit ist also, was Hof der Torburg war, zu zwei übereinanderliegenden Mittelschiffen geworden, und die Galerien sind nun Seitenschiffe.

Auf die Innenwände der oberen Galerien sind neue Mauern als Obergaden aufgesetzt, so daß das Mittelschiff der Stiftskirche den regulären basilikalen Querschnitt und die eigene Lichtzufuhr hat, während die Volkskirche nur durch die Seitenschiffe erhellt sein kann. In der Flucht des Obergadens erhebt sich über dem Porta-Nigra-Turm ein Glockenturm. Das ist – sieht man sich in den Stich hinein – ein sehr hübscher Anblick, wie da die Oberkirche optisch als ein eigener Kirchenbau, beinahe wie eine »Reichenauer« Kirche, aus dem Römerbau herausragt oder wie in ihn hineingesteckt erscheinen kann. Am Fuß des ganzen Komplexes finden sich ein dreiteiliges Tor und eine Abschlußmauer, dazu noch zwei Kapellen aus späterer Zeit.

Ein neues kleines Tor (da die Porta Nigra nicht mehr benutzbar war) ist als Torhaus ausgebildet. Dieser Winkel mit den einigen Häusern der Simeonstraße bringt in die architektonisch sachliche Vedute ein idyllisches Detail, das den Eindruck mittelalterlich-kleinstädtischer Behaglichkeit schenken mag, obwohl die Staffage-Figürchen Merians Zeitgenossen sind und als einziges die Gegenwart verkörpern. Ein ähnlich sprechendes Bild der Landseite gibt es nicht. Aber Darstellungen zeigen uns, daß die Anschüttungen hier terrassenartig einen Friedhof trugen.

Stünde man heute vor der Wahl, ob dieses großartige Konglomerat aus römischer Stadtbaukunst und mittelalterlichem Sakralbau für die Erhaltung den Vorrang hätte, dann wäre eine denkmalpflegerische Alternative äußerst schmerzvoll. Für Napoleon war das keine Überlegung wert. Mit ihm war die Stunde des antiken Rom wiedergekommen, und so erging 1803 die Ordre Napoleons, die Kirche abzureißen und den Römerbau von allem »Entstellenden« zu befreien.

PORTA NIGRA

Wolfgang Kaussen

Nie blockten ihre fenster feinds begehr
Und ihre nischen waren frei von bügeln
Nie schützten ihre tore durch verriegeln
Noch sperrten jemals sie den fremden speer

Der mauern dunkeln war nicht ephemer
Ihr in der schwärze altern sich bespiegeln
War der erbauer wirkungsvolles klügeln
Ihr stein sog friedens dunst aus dem verkehr

Der späten lust war ihre selbstbegierde
Die zeit zu dauern schufen sie den trug
Dies tor war wehrhaft nie – alleine zierde

Die nachwelt trugs: aus liebe sie nicht frug
Denn auf verbürgten grund sind wir des neuen
Nicht bessre bauer die den lug nicht scheuen?

KLEINER AUSFLUG

VOM GEHEIMNIS DES MOSELWEINS

Norbert Jacques

Es gibt Weine, die man trinkt, um den körperlichen Durst und einen Durst zu löschen, den uns die Seele auferlegt, nach dem Worte Meister Eckardts: »Nimmer würde ein Mensch, der Durst nach Wein hat, so sehnlich seiner begehren, dafern nicht etwas von Gott in ihm wäre.« Aber es gibt Weine, die uns nötigen, darüber hinaus über sie nachzudenken, weil sie die Gelegenheit zu einer Kennerschaft bieten, die dem Dasein besondere Beigaben gewährt.

Wir hatten einen Mann in der Familie, den Notar F. aus Grevenmacher im Luxemburgischen, dessen Zunge so fein und geschult und auch von solcher Gedächtniskraft war, daß er jeden Wein der Mittelmosel nach Herkunft, Wachstum und innerhalb von zwei Jahrzehnten nach Jahrgang erkennen konnte. In derselben Zeit wurde die Weinbesorgung in meinem Elternhaus, einem Haus von mittlerem Wohlstand, so verwaltet, daß mein Vater jedes Jahr zusammen mit einem Freund auf einer Trierer Versteigerung ein sorgsam und kennermäßig ausgesuchtes Fuder (975 l) steigerten und teilten. Es blieb liegen, bis der Wein flaschenreif war. In dieser Menge wurde immer nur Moselwein eingekellert, abwechselnd mit Saar – der Mosel zwischen Trittenheim und Traben-Trarbach, der Saar Scharzhofberger und Wiltinger.

Auf der Flasche blieb er zwei bis drei Jahre, bevor man ihn zu trinken begann, und da ein Fuder an die vierzehnhundert Flaschen sind, auf jeden also siebenhundert kamen, die man nicht sämtlich in einem Jahr austrank, weil auch noch andere Weine gekauft wurden, so blieb denn von jedem Jahrgang immer ein Stock liegen. Derart waren im Keller an Moselweinen regelmäßig vier bis fünf Jahrgänge vorhanden, eine Auswahl, die über das Elementare des Trinkens hinaus dem Gaumen noch besondere Freude durch die Möglichkeit der »variatio« besorgte.

Diese Vorliebe für Moselwein war die einzige überzeugte Bindung des Landes mit dem östlichen Nachbarn und dadurch, daß die Luxemburger keine geringeren Kenner der französischen Weine sind, ein besonderes Kriterium für die Eigenschaften des Moselaners. Weshalb ich dies erzähle. Insbesondere bildete die Geistlichkeit eine bedeutende Kennerschaft. Kommt das aus der Fortsetzung einer Tradition, in der die bedeutendsten Lagen in geistlichem Besitz gewesen waren, bevor im Verlauf der Französischen Revolution die Klöster aufgehoben und ihr Besitz beschlagnahmt und veräußert wurde?

So hatten die Benediktiner von Echternach ihre Rebberge in Kröv, das durch seinen Wein mit dem wenig mönchischen Namen auch in das Bewußtsein von Weintrinkern eingegangen ist, die mit dem Saft des Namens vertrauter als dem der Reben sind. Ihr alter Hof, wo gekeltert und verwaltet wurde, hat sich dort erhalten, im Echternacher Stil des begonnenen achtzehnten Jahrhunderts rotweiß, rustikales Barock. Erhalten haben sich auch die Geschäftsbücher, in denen der Bruder Verwalter jährlich Rechnung ablegte, und erhalten hat sich eben auch jener Name. Gewiß geht er auf einen Scherz aus einem der fröhlichen Wein-Konventikel der Mönche zurück, denn jenen Körperteil darf die Geistlichkeit in den Bereich ihrer Witze mit einbeziehen.

Dem Moselwein der guten Lagen gehört eine Eigenschaft, die kein anderer Wein der Welt besitzt. Die deutsche Sprache hat es nicht vermocht, einen Ausdruck für sie zu bilden, man nennt es »Blume«, früher war »Buket« verbreiteter, beide sowie auch Aroma nur Notbehelf, denn es handelt sich um etwas ganz anderes:

Bei keinem Wein ist der Alkohol in sich die Quelle der Gnaden, die einem Wein entströmen, und das ist grade beim Moselwein am wenigsten der Fall. Er ist mit seinem Weingeistgehalt von 7 bis 8 v. H. der alkoholärmste Deutschlands. Der Alkohol hilft lediglich den Körper bilden, aus dessen hauchzarter Säure, beim Moselwein, jener Geschmack aufschwebt... nein, die Bezeichnung Geschmack ist zu massig, eher ist es ein Duft, den man schmeckt. Es ist die ätherische Dreingabe des Schiefers, der zu den geheimnisvollsten Gesteinsarten zählt und inmitten dessen Strahlungen der Wein reift.

Er reift mit nördlichem Bedacht, und seine Tugenden lösen sich aus einem Körper, der nur ein Vorwand zu sein scheint, und treten in eben dieses feeische Wesen ein, das, mangels einer besseren Bezeichnung, wir meinetwegen weiter »Blume« nennen, das aber in Wirklichkeit Seele genannt werden müßte. Sie bildet sich aus oft unerkennbaren Duftstoffen, denen der Gaumen nachjagt wie auf Karnevalsbällen der Verliebte dem Traum einer geheimnisvollen Maske. Sie steigen aus dem grünsilbrigen Wein und beherrschen ihn, wie die Rotweine aus Piemont, Barbera oder Lambrusco von ihrer überrassigen Erdigkeit beherrscht werden.

Wenn man dem Duft einer wilden Himbeere auf der Spur zu sein glaubt, so meldet sich zugleich schon ein flüchtiger Hauch von Reseda, der Maiengeist des Waldmeisters verflüchtigt sich in den hocharomatischen Kugeln einer Walderdbeere, der nur zu ahnende Honigduft einer Schlüsselblume liegt inmitten eines raschen kurzen Schwadens des aufregenden Geruchs der schwarzen Johannisbeere. Aber auch das Mineralreich muß Vergleiche hergeben, denn in der zehnfachen Unterteilung des Aromas steht etwas, das die prickelnde Verflüchtigung von feinsten Metallen hat... Wie die Summe zusammenkommt, kann man nicht erschmecken. Es ist eine Chemie, die ins Vergeistigte einschwebt...

Die Muttererde dieses Weins ist, wie gesagt, der Schiefer, und zwar ein stark magnesiahaltiger Tonschiefer. Zweifellos gibt *er* ihm seine Seele. Die im Muschelkalk der Obermosel gedeihenden Reben geben guten Wein, seitdem man die Rebsorten pflegt, aber Wein ohne Blume, und dasselbe ist an der Lothringer Mosel der Fall, an der nur roter Wein gezogen wird. Die lokalen Eigenarten dieses Schiefers bringen die Differenzierung des Geschmackscharakters hervor, die von Lage zu Lage so stark wechseln und so charaktervoll bleiben, daß viele Trinker aus dem Wein die Lage bestimmen können. Manchmal nimmt der Einfluß des Bodens fast einen schrulligen Charakter an. Der Bernkastler Doctor etwa hat einen Rauchgeschmack. Früher hat man gemeint, er käme von dem Rauch, den die hier vorherrschenden Südwinde gegen den Berg treiben. Seitdem man aber von der Holz- zur Kohlenfeuerung überging, schreibt man die Sonderlichkeit bestimmten Bodenelementen zu.

Der Erdboden der Moselrebe ist der Schiefer, die Rebe selber ist die Rieslingrebe, die auch die Rebe des Rheins ist und die anscheinend von allen Rebsorten ein besonderes Maß von Neutralität erfüllt, das die Erde von Mosel und Rhein für ihre Weine verlangt. Woher diese Rebe kommt, weiß man nicht, sie ist seit dem fünfzehnten Jahrhundert da, aber man weiß auch nicht, woher die Elblingrebe kam, die durch jene verdrängt wurde. Die einen halten die Elbling für eine autochthone, die andere für die Rebe, die die Römer an die Mosel brachten. Wie die Elblingrebe ist auch der Rotwein völlig verschwunden, der nach mittelalterlichen Notizen allgemein verbreitet gewesen war.

Auf der Flasche wird der Moselwein immer mit zwei Brüdern zusammen genannt: Mosel-Saar-Ruwer, zwei Flüssen, zwischen deren Einströmen in die Mosel Trier liegt. Man könnte tatsächlich sagen: dieselbe Mutter, verschiedene Väter. Die Söhne an der Saar sind vom strengen Klettern stahliger, die Ruwer, bescheidenes Tal mit fünf Weinlagen, von denen der Maximiner gelegentlich die überhaupt höchsten deutschen Weinpreise bringt.

Es ist nicht übermittelt, ob die Weine, die Goethe 1792 in Trier aufgetischt wurden und erst den Anblick der Rundsicht brauchten, um, wie er sich in der »Kampagne« ausdrückt, »einen angenehmeren Geschmack« zu bekommen, Maximiner waren. Es ist eine Notiz erhalten, nach der 1793 ein reicher Holländer für ein Fuder 1792er Maximiner die ungeheure Summe von 1114 Gulden anlegte, demnach gehörte der Maximiner damals auf alle Fälle zu den besten Sorten. Aber auch an anderer Stelle stürzte der Steinweintrinker Goethe sich nicht in große Kosten, als er den Moselwein »köstlich und anregend« fand.

MOSELFISCH UND VIEZ

Carl Rosport

Fragt der Fremde nach einer typischen kulinarischen Spezialität Triers, so liegt die Antwort nicht gleich offen. Zudem, »de gustibus disputandum est«, über Geschmäcker läßt sich's streiten. Vielerlei Köstlichkeiten sind zu nennen:

Der berühmte Moselhecht, der in einem Bett von feinen Gemüsen gebacken oder in weißem Wein gedünstet wird; Moselaale, vor allem wenn sie jung sind, reichen wir in Sahnesoße, mit Dill und Wein abgeschmeckt. Flußkrebse sieden zusammen mit Pfefferkörnern, Salz und Kümmel, der den feinen Geschmack unterstreicht, halb in Wasser, halb in Wein. Miesmuscheln, die in früheren Zeiten per Schiff über den Rhein aus Belgien oder den Niederlanden kamen, gibt es im Herbst: mit Zwiebeln, Lorbeer, Möhren, Petersilie und etwas Sellerie werden sie in Weißwein gekocht und schmecken herrlich.

Wer das Deftige liebt, wird sich für »Schaoles« begeistern, eine köstliche Kartoffelspeise, die uns aus der regionalen jüdischen Küche überliefert wurde: schichtweise werden geschabte, rohe Kartoffeln, Lauch und Zwiebeln mit Salz, Pfeffer, Muskat und Lorbeer gewürzt, in einen großen Steinguttopf gegeben und über Stunden im Ofen gar gebacken. Und wenn es nicht ganz koscher sein muß, kann auch etwas Bauchspeck hinzugegeben werden.

Hähnchen füllt man mit Schalotten und Äpfeln, brät sie mit Speck an und läßt sie dann im »Viez«, dem Trierer Apfelwein, schmoren, bis sie gar sind und weit köstlicher schmecken als der »coq au Riesling« der französischen Nachbarn. Apropos Nachbarn: die große französische Garnison will dann und wann nicht auf ›fois gras‹ und Champagner, ›coquilles Saint Jacques‹, ›bœuf à la mode‹ und Bordeaux oder auf ein ›cous-cous‹ verzichten, so daß der ›Feinschmecker‹ in Trier durchaus auf seine Kosten kommt.

Nicht verzichten muß der Reisende auch in der Augusta Treverorum – wie könnte es anders sein – auf römische Tafelgenüsse. Zubereitet nach den Rezepten des Auspicius können wir uns im »Domstein« antiken Tafelfreuden hingeben. Die Vororte Zewen und Euren locken mit ihren »Koben«, zu deutsch »Krähen«; aber keine Angst, es handelt sich um gegrillte Hähnchen, die in rustikaler Umgebung zum Apfelwein oder einem trockenen Mosel verspeist werden.

Eines aber darf sich der Gast in Trier niemals entgehen lassen; eine Köstlichkeit, unauffällig und eher an einen Imbiß erinnernd: gebackene Moselfische! Die handtellergroßen Fische werden mit Salz, Pfeffer und einer Gewürzmischung, deren Zusammenstellung streng gehütetes Geheimnis der Wirtinnen und Köchinnen bleibt, gebacken oder frittiert, und dies mitsamt dem Kopf und allen Flossen. Heiß und knusprig, mit Zitronenscheiben und frischem Weißbrot, kommen sie auf den Tisch. Mit den Händen ißt man sie, greift sie am Kopf und am Schwanz, zupft die Rückenflosse ab und beißt ins weiße, zartduftende trockene Fleisch auf dem Rücken; deftig kroß und knusprig schmeckt die Unterseite. Übrig bleiben Kopf, Gräten und Schwanz. »Arme, klaane Fösch!«

Dazu trinkt man natürlich »Viez«, den herben, recht kräftigen Trierer Apfelwein, ein Geschenk der keltischen Göttin Epona. Serviert wird er im »Porz«, einem geraden, hohen, weißen Porzellankrug mit kleinem Henkel. Der faßt 0,4 Liter und erhielt seinen Namen vom lateinischen »portio«.

MOSELFRÄNKISCH

Wat dän aale Trierer Kraone verzehlt

Peter von der Mosel

Eich stregge – Gott waaß wievill Jaohr – scho' mein Armen
Omsoß ön de Loft. Kaa Mensch haot Erbarmen.
Et öß kaa Vergniejen, allaan hei ze huggen
On ömmer on iewig ön die Musel ze kuggen;
Mer öß ald bei Jaohren, get tääklich o steif
O kriet schons et Reißen, de Giecht ön de Leif.
Kaa Wonner, we'mer bei Weeder ö Wönd
Su mießig muß stiehn o kaan Arbeit mieh fönnt.
Jao, jao, et öß, wie de Schöffmaan gesaot,
Dän haot mer heit morjen sei Laad geklaogt.
'N aal Ihmchen öß et möt graoen Haoren –
Eich kennen e gud aus de friehere Jaohren –.
Öm Kraonen, dao öß hä jao obbgezillt gewen,
On e Kraonenser hängt aon d'r Musel sei Lewen
Eich siehn en aanen Daag wie dän annern
Mö'm Steggel eraob obb de Musel wannern.
On iehnder hän haamgieht, kömmt 'n noch her,
E schwätzt als noch ömmer e bößje gär.
Heit morjen, dao waor ön der Raasch hä gewees,
Eich haon 'm et gleich aus'm Gesiecht rausgelees.
»Ao Kraonen«, su saot 'n, »ed öß, wie ed öß,
Mir Aale, mir ge' bei't Gemölder geschmöß.
De Welt öß weil annersch, wie friher se waor,
Mer passen nöt hönnen, nöt vier aon de Kaor.
Wat waoren et frieher doch Zeiden su schien!
Wat konnt mer e Lewen on Treiwen hei siehn!
Herrgott! wenn de Schöff hei gelänn't' sein aom Staoden,

Von onne böß owe möt Gieder belaoden,
Wie haoßde dao nor su alärt deich gedrieht
Vom Haohneschraai morjens böß aomens spiet.
On wat hao' mir gewudert, baal onne, baal owen,
O Kösten o Kästen gekuhzt o geschowen;
O Fässer möt Muselwein hao' mer geschraoden,
Off ›Deiwel komm eraus‹ obb de Waoge gelaoden.
Kreizbaan! Dao haon seich de Achse gebogen!
Manch ›Donnerkeil‹ öß och derzöschent geflogen;
Gejauzt öß dao gewen, geweedert, geschännt,
Ao geflucht – geflucht, wie mer't heit nömmie kennt!
De waaß, su e richdije Schöffmaansfluch,
Dä stieht ö' kaa'm trierische Weerderbuch.
E Kreizmilliunen! wat haot et geflubbt,
Wat gößde, wat haoßde! Wat hao'mer geschlubbt!
On aomens, dao waore mer mied wie de Honn,
Ed Himb waor su naaß wie de Staan off'm Gronn.
Doch hao'mer gesong o gejuwelt helloff;
Aus Poorzen hao'mer de Wein dao gesoff
On de trogge Gorjeln ausgeschwenkt!
Der Deifenker! we'mer su heit daoraon denkt,
Da' maant mer, mißt aus der Haut rausfaohren.
Wat hao'mer geschafft ön dä jonge Jaohren!
On heit? Wenn eich noren die Flaode bekuggen,
Wie se ieweraal hei o'm Gelänner romhuggen,
Ön de Musel rönspauzen o schwadronören,
Gut äässen on trönken, gruß Tien rösgören –
Da' könnd eich graod ön de Musel rönlaafen
On all mei Laad o mein Raasch ersaafen . . . !«
Su haodde gesaot, on dann öß hä gaang,
On Trienen haon'm ön d'n Aawe gestaang.
Eich waaß nöt, et öß mer heid aomend su domm,
Dat Ihmchen, dat gieht mer öm Kobb erom!

LITERARISCHER SPAZIERGANG DURCH DIE ZEITEN

ANTIKE

1\. Jahrhundert v. Chr.

51 – Cäsar beendet die Eroberung Galliens.

17 – Bau einer ersten Holzbrücke.

16 – Augustus hält sich am Rhein auf; Gründung der Augusta Treverorum.

1\. Jahrhundert n. Chr.

Um 55 – Pomponius Mela nennt Trier »urbs opulentissima«.

71 – Bau einer zweiten Römerbrücke; Forum, Repräsentationsbauten entstehen.

Um 100 – Circus, Amphitheater, Barbarathermen; rund 30000 Einwohner.

2\. Jahrhundert

Um 140 – Bau einer steinernen Brücke in Nähe der ersten Römerbrücke.

Um 150 – Gründung einer christlichen Gemeinde.

Um 170 – Vergrößerung des Stadtgebiets auf 285 Hektar; Bau einer Stadtmauer mit Türmen und Torburgen.

Um 200 – Neumagener Grabmäler.

3\. Jahrhundert

Um 250 – Franken durchziehen plündernd Gallien; Beginn der Bischofsliste; Errichtung der Igeler Säule.

258 bis 274 – Gallisches Teilreich des Postumus mit Residenz Trier.

275 – Zerstörung Triers durch Franken und Alemannen.

284 – Trier Hauptstadt der gallischen Präfektur (für Gallien, Britannien, Spanien).

293 – Constantius Chlorus, von Diokletian berufener Caesar, macht Trier zur Hauptstadt des westlichen Römischen Reiches.

4. Jahrhundert

Ab 300 – Baubeginn von Kaiserthermen, Basilika, Palastanlage unter dem heutigen Dom.

306 bis 316 – Trier Residenz Constantins des Großen.

326 – Baubeginn der Doppelkathedrale (heute: Dom und Liebfrauen).

Um 375 – höchste kulturelle und politische Blütezeit Triers.

395 – Residenz nach Mailand, Präfektur nach Arles verlegt *(402)*; Abwanderung der Oberschicht.

399 – Verbot heidnischer Kulte.

5. Jahrhundert

408 bis 460 – Trier wird durch Vandalen, Sueben, Franken mehrfach zerstört; Zusammenbruch von Handel und Verkehr.

EINE BLÜHENDE, REICHE STADT – URBS OPULENTISSIMA

Pomponius Mela
30 bis 40 n. Chr.

Die Landschaft, die sie bewohnen, heißt insgesamt Gallia Comata. Drei Hauptbezeichnungen gibt es für die (sie bewohnenden) Völker, gewaltige Flüsse bilden ihre Grenzen. Denn von den Pyrenäen bis zur Garonne reichen die Aquitanier, von ihr bis zur Seine die Kelten (Celtae), von dort bis zum Rhein die Belger. Unter den Aquitaniern sind die bedeutendsten die Auscer, unter den Kelten die Häduer, unter den Belgern die Treverer, und die blühendsten Städte (urbes opulentissimae) sind bei den Treverern Augusta (Trier), bei den Häduern Augustodunum, bei den Auscern Eliumberrum.

PREIS DER AUGUSTA TREVERORUM

Eumenius
298 n. Chr.

Der sehr alte Adel der Stadt Autun erhofft von Dir, Kaiser Constantius, daß mit Deiner Hilfe auch dort die öffentlichen Plätze und die großartigen, prächtigen Tempel in gleicher Weise wiederaufgerichtet werden, als dies hier, in Trier, der Fall ist, wo diese so begünstigte Stadt von neuem aufersteht, so daß sie sich fast glücklich preisen kann, in früheren Tagen einmal in Trümmern gelegen zu haben. Denn nun wird sie durch Deinen Wunsch und Deine Tatkraft immer großartiger: So sehe ich die weite Rennbahn, die, so glaube ich, mit derjenigen in Rom wetteifern kann. Gebäude, wahrhaft eines Königs würdig, die Basiliken und ein Forum, sehe ich zu solcher Höhe emporwachsen, daß sie fast an die Gestirne des Himmels heranreichen.

DIE STADT DES REICHES WÜRDIG: TRIER

Ausonius
371 n. Chr.

Der Mosel lieblich rieselnde Flut, die mit stillem
Gemurmel dahinfließt.
Fluß, durch deine Gefilde berühmt, und die Pflanzer,
dich grüß ich!
Dich, dem der Belgier Volk die Stadt, Trier, verdanket
des Reiches
Würdig: mit Wohlgeruch verbreitenden Reben bepflanzt, ihr
Hügel, ihr Ufer bedecket mit dem grünenden Halme,
ich grüß euch!
Schiffbar, wie das Meer, strömt abwärts, in dem Fluß die
Welle, und gleichet dem Spiegel des unergründlichen Sees
doch;
Gleichet dem Bache zugleich, der mit furchtsamem Schritte
dahinschleicht,
Und so rein ist zum Trunk nicht, als deine Gewässer,
der Waldquell.
Alles vereinst du in dir, was die Quelle, der Bach
und der Strom, der
See und das Meer, das gewalt'ge besitzen, das zwiefach
zurückströmt. [...]
Es vermischen den grüßenden Laut die lieblichen Ufer,
Ja, zu vereinen die Hände beinah; und beiderlei Worte
Tönet das Echo zurück, das im halben Strome sich gegnet.
Wer vermags die Gebräuche zu zählen, die mancherlei
Sitten,

Wer zu beschreiben von jeglichem Haus
die besondere Bauart.
Daedalus selbst, der beflügelte, der Erbauer von Cumas
Tempel hätte sie nimmer verachtet, er, den die Schmerzen
Die er als Vater empfand, verhindert des kühnen Ikarus
Tod nachzubilden in Gold; noch auch der
kekropische Philon,
Noch, der selbst von dem Feinde gerühmt, in die Länge
gezogen
Den Syrakusischen Krieg; vielleicht beschreibt
in dem zehnten
Buche der Hebdomas Margeus die prächtigen Werke,
Die hier Kunst und Menschen erbaut;
des Menokrates Künste
Blühten hier und jene die man in Ephesus bewundert,
Und an dem Tempel der Pallas von Iktinus, wo die Eule
Aller Vögel Geschlecht anlockt durch magische Salbe
Und sie vernichtet mit tödlichem Blick; hier befand
sich vielleicht des
Ptolomaischen Palasts Erbauer, Dinochares, wo sich im
Eckigen Kegel die Pyramide erhebt, und die eignen
Schatten verzehrt; dem einst ob den Banden
blutschändrischer Liebe
Ptolomaios befahl, in den Pharischen Tempel zu hängen
Arsinoes, der Schwester Gebild; es durchbrausen die Winde
Das Gewölbe des Dachs, und die eisernen Haare
des Mädchens
Hält der Achat. Nur diese vermochtens und ähnliche
Künstler
Glaub' ich, die prächtigen Paläste zu baun,
des Belgischen Landes
Und zu gründen die Zierde des Stroms, Trier...

Blick aus dem Innenhof des Domkreuzgangs auf Liebfrauenkirche, Pauluskapelle und Dom mit antiker Südwand und großem Turm der Westfassade

WER WIRD VON MIR DANN NICHT GEPRIESEN SEIN?

Ausonius
371 n. Chr.

Wer wird von mir dann nicht gepriesen sein? Die stillen Bauern werd ich rühmen, Gesetzeskundige, der Redekunst Beherrscher, die den Beklagten so erhabnen Schutz bedeuten; sie, die das Rathaus als ihrer Bürger höchsten Adel und ihren eigenen Senat erblickte; sie, die die wettgefeierte Beredsamkeit der Schule, wo sie noch die Knabentoga mit dem Purpurstreifen trugen, zum Ruhm des alten Quintilian erhob; und sie, die ihre Städte leiteten und einem vom Blute reinen Tribunal und Beilen, die keine Schuld zu ahnden hatten, Glanz verliehen oder bei den Völkern der Italer und den im Nordsturm aufgewachsenen Britanniern die zweite Stelle in der Präfektur bekleideten; auch ihn, der Rom, das Haupt der Welt, Volk und Väter, leitete, zwar nicht an allererster Stelle, wie sehr auch gleich er jenen ersten war. Doch endlich beeile sich Fortuna, ihren Irrtum auszugleichen und, die bereits gekostete Ehrenschale wieder auffüllend, möge sie nunmehr der wahren Ehre höchste Würden den Enkeln eines edlen Stammes wieder zu erreichen geben.

RANGORDNUNG BERÜHMTER STÄDTE

Ausonius
Um 392 n. Chr.

Waffenmächtig brennt lange schon Gallien auf seine
Preisung,
auch der Thron der Stadt Trier, die, obgleich ganz nahe
dem Rhein,
sicher wie im Schoße des tiefsten Friedens ruht,
denn sie nährt, denn sie kleidet und waffnet des Reiches Kräfte.
Weit dehnen sich vor gestreckter Höhe die Mauern hin,
breit zieht in ruhigem Fluß die Mosel vorbei,
mit fernen Waren der alles erzeugenden Erde beladen.

MÖGEN DIE GÖTTER SIE BEHÜTEN

Grabschrift des Arimasper
4. Jahrhundert

Fern von der Heimat ruhe ich Arimasper hier in der Feste des Mars; die Belgische Roma, Trier, nicht meine heimatliche Roma war meiner wert. An trefflicher Rechtsprechung, an Berühmtheit und Verdiensten, an Siegeszügen kommt ihr, der Stadt Trier – mögen die Götter sie behüten –, nichts gleich außer Rom. Tödlich verwundet sterbe ich, Bürgermeister und Haupt des Rates von Trier. Freut euch, meine Lieben, daß ich hier einen solchen Soldatentod gefunden.

DIE HÖCHSTBERÜHMTE STADT TRIER

Edikt der Kaiser Valens, Gratian und Valentinian II.
23. Mai 376

In der ganzen Deiner Magnifizenz anvertrauten Diözese (Nordgallien) sollen in den am stärksten bevölkerten Städten, die durch Bedeutung und Ansehen hervorragen, die jeweils besten Lehrer die Erziehung der Jugend leiten: Wir sprechen von den Rhetoren und den Grammatikern des attischen (d. h. griechischen) und römischen Unterrichts. Von diesen sollen die Redner (d. h. die oben genannten Rhetoren) 24 Annonen (d. h. Jahreslieferungen bzw. Jahresgelder) aus öffentlichen Mitteln als Honorar erhalten. Dem lateinischen und dem griechischen Grammatiker soll wie üblich der etwas geringere Betrag von 12 Annonen gewährt werden, in der Weise, daß in allen als Metropolen bezeichneten Städten die Wahl hochangesehener Professoren durchgeführt werde und wir nicht jeder Stadt die Freiheit zugestehen wollen, ihre Professoren und Lehrer mit einem beliebigen Gehalt auszustatten. Der höchstberühmten Stadt Trier jedoch glaubten wir etwas mehr gewähren zu sollen, so daß dem Rhetor 30, dem lateinischen Grammatiker 20, dem griechischen Grammatiker, wenn ein würdiger gefunden werden kann, 12 Annonen zugewiesen werden sollen.

DOCH WAR'S IN TRIER

Aurelius Augustinus
Um 400 n. Chr.

Eines Tages also – an dem Nebridius, ich erinnere mich des Grundes nicht mehr, eben fort war –, siehe, da kam zu uns, zu Alypius und mir, unerwartet Besuch ins Haus, ein gewisser Ponticianus, ein Landsmann von uns, da er Afrikaner war, ein Mann in hoher Stellung am kaiserlichen Hofe: [. . .] So kam es auch, daß er uns erzählte, wie er mit drei Kameraden einmal – ich weiß nicht mehr wann, doch war's in Trier –, als der Kaiser des Nachmittags durch die Zirkusspiele in Anspruch genommen war, hinausspazierte in die Gärten vor der Stadtmauer und wie sie dort, von ungefähr zu Paaren vereinigt, sich ergingen, einer mit ihm zusammen, gleichso die andern zwei für sich, aber in verschiedenen Richtungen sich verloren, wobei denn jene beiden im Dahinschlendern auf eine Hütte stießen, wo einige Deiner Diener wohnten. »Arme im Geiste, derer das Himmelreich ist«, und dort ein Buch vorfanden, in dem das Leben des Antonius beschrieben war. Der eine von ihnen begann zu lesen, zu staunen und Feuer zu fangen, ja über dem Lesen packte ihn schon der Gedanke, selber solch ein Leben zu ergreifen, den Hofdienst zu verlassen – sie gehörten zu der Klasse von Beamten, die man kaiserliche Agenten nennt – und Dir zu dienen. Plötzlich überwältigt von heiliger Liebe, in nüchterner Scham zornig auf sich selbst, wandte er den Blick auf den Freund und sprach zu ihm: »Sag, ich bitte dich, worauf trachten wir denn hinaus mit all unseren Plackereien? Was suchen wir? Wessentwegen machen wir denn unseren Dienst? Haben wir bei Hofe jemals Größeres zu erwarten, als daß wir ›Freunde des Kaisers‹ seien? Und ist dabei nicht alles so zerbrechlich, immer so gefährlich? Und durch wie viele Gefahr geht der Weg zu noch größerer Gefahr? Und wann endlich ist es so weit? Freund Gottes aber, wenn ich nur will – ich bin's in diesem Augenblick?« Das sagte er, und aufgewühlt vom Gebärdrang eines neuen Lebens schaute er wieder in die Blätter und las und ward im Innern andern Sinnes, wo nur Du es sahst, und sein Geist entkleidete sich der Welt, wie es dann auch bald schon an den Tag kam. Denn während er las und das Wogen in seinem Herzen spürte, war sein Atmen oft ein Seufzen, und scheidend, für das Bessere sich entscheidend, wandte er sich, nun schon der Deine, an den Freund: »Ich bin sie los, unsere alte Rechnung mit der Zukunft. Ich bin entschlossen, Gott zu dienen, und von dieser Stunde an, hier, an diesem Ort, nehme ich das Werk in Angriff. Und du, wenn du mir nicht folgen willst, sei mir wenigstens nicht dagegen.« Er aber gab zur Antwort, er wolle bei ihm bleiben und so hohen Lohn, so hohen Dienst mit ihm teilen. Und beide waren schon Dein, und sie bauten ihren Turm mit dem gehörigen Aufwand, daß sie alles verließen und Dir nachfolgten.

Da kamen Pontician und der andere, die anderswo in dem Gartenland sich ergangen hatten, auf der Suche nach ihnen an denselben Ort und fanden sie und mahnten zur Rückkehr, da sich der Tag schon geneigt habe. Aber nun erzählten die von ihrem Entschluß und Vorsatz, auch welcherweise dies Verlangen in ihnen aufgekommen und fest geworden sei, und baten, sie möchten sie nicht behelligen, wenn sie selbst sich nicht anschließen wollten. Sie aber, die jetzt keine anderen waren als zuvor, beweinten sich zwar, wie Pontician sich ausdrückte, und wünschten den anderen treulich Glück und empfahlen sich in ihr Gebet. So kehrten sie, das Herz auf der Erde schleppend, zurück an den Hof, die andern aber, ihr Herz an den Himmel bindend, verblieben in der Hütte.

DIE VORNEHMSTE STADT GALLIENS

Salvian
Mitte des 5. Jahrhunderts

Die vornehmste Stadt Galliens, Trier, dreimal wurde sie hintereinander zerstört: einem Brandhaufen glich die gesamte Stadt. Das Schlimmste jedoch kam erst in der Folgezeit. Denn diejenigen, deren Leben der Feind bei der Eroberung geschont hatte, wurden durch das in der Folge herrschende Elend vernichtet. Die einen siechten an ihren Verwundungen dahin, die anderen starben vor Hunger. Überall lagen – so habe ich es mit eigenen Augen gesehen – die nackten Leiber von Männern und Frauen umher, von den Vögeln zerrissen und von den Hunden zerfleischt.

Doch wie verhielten sich die Trierer, die mit dem Leben davongekommen waren?

O Wahnsinn! Sie forderten von den Kaisern nicht Brot und keine Kleidung: Spiele im Zirkus verlangten sie!

Spiele also verlangt ihr geschlagenen Trierer nach dieser Niederlage, nach all diesem Blutvergießen, nach all dem Morden und den Verwüstungen? Das Theater sucht ihr, die Zirkusspiele fordert ihr von den Kaisern! Für wen denn aber? Für die Toten, für die Gefangenen, für die Dahinsiechenden und Sterbenden? Spiele verlangt ihr Trierer! Wo denn sollen sie abgehalten werden? Auf den Gräbern der Toten? Auf den brennenden Trümmern der Häuser? Auf den Gebeinen der Erschlagenen? Denn wo ist ein Ort frei von diesen entsetzlichen Dingen? Überall schaut man den Anblick einer eroberten Stadt, überall das Antlitz des Todes. Die Reste des unglücklichen Volkes der Trierer liegen auf den Grabstätten der Toten, und doch verlangt ihr die Zirkusspiele? Die Stadt ist schwarz von gewaltigen Feuern, und ihr wollt bunte Feste? Wenn alles trauert, wollt ihr fröhlich sein? Wenn also drei Zerstörungen euch nicht gebessert haben, so verdient ihr nur, in einer vierten vernichtet zu werden!

IMMER NOCH HAUPTSTADT IST'S

Venantius Fortunatus
2. Hälfte des 6. Jahrhunderts

Vorbei an schwelenden Dächern
der Dörfer längs der Ufer
Nahn wir der Stelle, wo das Flüßchen
Sauer beendet den Lauf.
Dann, zwischen aufragenden Bergen
und durch ein sich windendes Tal hin,
hinab zur Mündung der Saar,
gleitet der fließende Strom.
Vor unseren Augen ein mächtiger Wall:
wir kommen nach Trier.
Immer noch Hauptstadt ist's,
wert seines würdigen Volkes.
Weiter trägt uns der Fluß
vorüber am alten Palast;
Die Trümmer, sie deuten noch an
eine längst entschwundene Pracht ...

6. Jahrhundert

Trier wird *475* endgültig fränkisch. Aufstieg der Kirchenprovinz durch Schenkungen fränkischer Könige.

526 – Bischof Nicetius: Domrestaurierung.

7. Jahrhundert

Spätantikes Stadtbild verändert sich: Franken leben in Kleinsiedlungen, bauen Holzhäuser zwischen den Römerruinen.

698 – Friesenmissionar Willibrord gründet Kloster Echternach.

8. Jahrhundert

721 – Missionar Bonifatius in Pfalzel.

760 – Pippin III. bestätigt dem Bistum Rechte und Besitzungen.

Um 780 – Karl der Große nimmt dem Bischof weltliche Hoheitsrechte (außer Domimmunität); Kirchenprovinz Triers umfaßt Bistümer Metz, Toul, Verdun.

Um 800 – nennt Alkuin Trier »machtvoll und reich an Mauern und Türmen«.

9. Jahrhundert

843 – Vertrag von Verdun: Trier fällt an Lotharingien.

870 – Vertrag von Meerssen: Trier wird dem Ostfränkischen Reich zugeteilt.

882 – Normannen zerstören Trier.

Um 895 – Schaffung eines festen bischöflichen Territoriums.

10. Jahrhundert

902 – Ludwig das Kind macht Erzbischof zum Stadtherrn;

958 – Erzbischof Heinrich errichtet das Marktkreuz.

10. Jahrhundert: – Gründung von St. Gangolf als Markt- und Bürgerkirche.

994 – Erzbischof Ludolf umgibt Domimmunität mit einer festen Mauer.

11. Jahrhundert

1016 – Erzbischof Poppo von Babenberg baut Dom-Westfassade, Simeonstraße, Porta Nigra als Doppelkirche, Simeonstift (1037-1042).

Um 1100 – Frankenturm, Wehrbau des Stadtpatriziats.

12. Jahrhundert

1102 – Erzbischof Bruno verbindet Kaiser- und Barbarathermen (Aufgabe des Südviertels).

1143 – Bildung einer politischen Bürgergemeinde (Coniuratio), Ziel: städtische Selbständigkeit.

1157 – Kaiser Barbarossa verbietet die Coniuratio.

1197 – Erzbischof wird oberster Gerichtsherr.

13. Jahrhundert

1235 – Erzbischof Theoderich beginnt Bau der Liebfrauenkirche.

1248 – Triers Erzbischöfe sind zugleich Kurfürsten des Reiches.

1259 – Stadt führt eigenen Krieg gegen Grafen von Luxemburg.

14. Jahrhundert

1302 – Zunftaufstand; Handwerker erzwingen Mitspracherecht.

1307 – Balduin von Luxemburg rundet Kurstaat territorial ab.

1349 – Pest und Judenvertreibung.

1356 – Goldene Bulle bestätigt den Erzbischof als Kurfürsten.

1364 – Stadt betrachtet sich als reichsunmittelbar.

15. Jahrhundert

1401 bis 1464 – Kardinal Nikolaus von Kues: Überwindung des mittelalterlichen Weltbildes.

1413 – Moselkran nahe Römerbrücke.

1473 – Trierer Fürstentag: Plan, Tochter des Burgunderherzogs mit Sohn des Kaisers zu verloben.

1473 – Universitätseröffnung durch Erzbischof und Rat.

Um 1480 – Errichtung der »Steipe«.

ALT IST TRIER

Alkuin
8. Jahrhundert

Alt ist Trier, machtvoll und reich
an Mauern und Türmen,
Rings ganz umsäumt auch die Stadt
von heiligen Kirchen,
Wo der gläubigen Welt einmütig
andächtige Scharen
Den Tag und die Nächte verwachen
zum Lobe und Preise
Des Herren.

VATERSTADT DER HERRIN UND KAISERIN HELENA

Silvesterdiplom
11. Jahrhundert

Wie deine Stadt in heidnischer Zeit durch eigene Macht hoch stand, so übernimm auch jetzt, o Trierer Primas, den Vorrang über Gallier und Germanen. Petrus, das Haupt der Kirche, übertrug dir denselben vor allen Bischöfen dieser Völker in den ersten Verkündern der christlichen Lehre zu Trier, nämlich in Eucharius, Valerius und Maternus durch die Übersendung seines als Symbol dienenden Stabes. Seine Würde hat er gleichsam vermindert, um dich derselben teilhaftig zu machen. Ich Silvester, Knecht und unwürdiger Nachfolger des genannten Apostelfürsten, erneuere und bestätige jene Primatialwürde für den Patriarchen Agritius von Antiochien, zu Ehren Triers, der Vaterstadt der Herrin und Kaiserin Helena. Sie stammt ja aus jener Metropole und hat dieselbe in glücklicher und herrlicher Art bereichert und besonders gefördert durch die aus Judäa übertragenen Überreste des Apostels Matthias und durch die übrigen Reliquien, nämlich den hl. Rock und einen Nagel des Herrn, das Haupt des Papstes Cornelius, einen Zahn des hl. Petrus, die Sandalen des hl. Apostels Andreas, sowie durch viele andere Geschenke. Wer den in dieser Urkunde bewilligten Vorzug bewußt schädigt oder hintansetzt, soll der kirchlichen Gemeinschaft beraubt sein, weil er mit dem Anathem behaftet ist.

Empfange, Trierer, allerorts jenseits der Alpen den Primat, den dir verleiht Roms, des alten und neuen, Gesetz.

DIE TATEN DER TRIERER

Gesta Treverorum
12. Jahrhundert

Gegen Norden bauten die Trierer aus Quadersteinen ein gewaltiges Gebäude mit Türmen und Toren: Schwarzes Tor nannten sie es, manchmal auch Marstor. Wenn sie auszogen zum Kriege, zogen sie zu diesem Tor hinaus, kehrten durch das gleiche Tor aber nur dann zurück, wenn sie im Kampfe unterlegen waren. Gegen Osten bauten sie das Weiße Tor, und durch dieses zogen die Trierer in die Stadt hinein, wenn sie im Kampfe den Sieg errungen hatten. Gegen Süden erbauten die Trierer das Mitteltor, so genannt, weil es am Ende der Hauptstraße, also in der Mittellinie der Stadt stand; vor diesem Tor war der Markt und der Friedhof. Ein viertes Tor errichteten sie gegen Westen am Ufer der Mosel. Es war von unvergleichlicher Schönheit und mit goldenen Sternen verziert, welche dem benachbarten Hafen bei Nacht als Leuchten dienten.

Auch erbauten die Trierer ein Kapitol, einen Tempel aller Götter, in dem nicht weniger als hundert Götterbilder vom Volke verehrt wurden. Ferner errichteten sie zu Ehren des Gottes Merkur ein gewaltig hohes Gebäude, in welchem sie ein überaus großes, ehernes Bild dieses Gottes zwischen zwei Magneten freischwebend aufhängten. An anderen Stellen der Stadt standen starke und hohe Türme, Paläste, Tempel, Götterbilder, Bäder und Theater.

Im Laufe der Zeiten unterjochten die Trierer ringsum die benachbarten Völker und Städte, darunter die fünf berühmtesten Rheinstädte: Basel, Straßburg, Speyer, Mainz und Köln und ließen sich Tribute von diesen Städten bezahlen.

STADT DER STÄDTE

Carmina Burana
12. Jahrhundert

Sei gegrüßt, du königliche Stadt,
Trier, Stadt der Städte,
durch die Frohsinn
und Freude zurückkehrt!
Heimat, du blühst auf,
du blühst durch der Sodalen
liebenswürdige Art!

Trier, Erzbischofssitz,
Stadt voller Anmut,
die du Bacchus ehrst
und Bacchus überaus teuer bist,
schenke deinen Einwohnern
die stärksten Weine
in deiner Güte!

Die dialektische Disziplin
beweist ganz eindeutig:
Nirgendwo in Deutschland trinken
die Leute einen besseren,
und es gibt keine freigebigere Stadt,
die reichlicher von dem Ihren abgibt
aus Freundlichkeit.

Vor Jupiters Thron
und in Gegenwart der Götter
fällte Venus
das abschließende Urteil,
daß man die Rose vor allen anderen
dem Rosengärtner geben solle
wegen seines liebenswürdigen Wesens.

Was ist erfreulicher
als ein vollkommen schönes Gesicht?
Der Rosengärtner bringt heute
die Rose zu Ehren.
Deshalb klingt die Stimme
des Jubels noch freudiger
vor lauter Wonne.

TRIER, DAS BELGISCHE ROM

Godefried von Viterbo
Um 1150

Es ragt bei den Franken hervor Trier an Alter und Ruhm
Das belgische Rom, wie man es früher mit Beinamen genannt
Wo die herrliche Mosel einen fruchtbaren Boden bewässert.
Auch die Fremden schätzen den Moselwein
Das englische Schiff und der norwegische Segler führen ihn fort
Und ersehnen auf der vielgewundenen Mosel den Rheinstrom.

Hier auch in dieser frommen Stadt ruht in Ehren Matthias
Der Schüler des Herrn, wie es der Himmel in seiner Weisheit bestimmt
An seinem Grabe trachtet der Pilger danach, seine Gelübde zu erfüllen.

Auch die Leiber des Eucharius und des Maternus ruhen dort
Von deren Verdiensten ich hier nur kurz berichte
Sie kamen von jenseits der Alpen auf Petri Befehl...
Kein Papst hat Petri Hirtenstab zu Rom seit Jahrhunderten
Diese Zierde verbleibt auf ewig der Stadt Trier allein.

ORENDEL VON TRIER UND DER HL. ROCK

Anonym
12. Jahrhundert

Den grauen Rock, den der Herr einst trug, als er 40 Tage fastete, hatte seine liebe Mutter aus der Wolle eines schönen Lämmleins gesponnen und die hl. Helena auf des Ölbergs Zinnen gewirkt. Ihn erhielt von Herodes gleich nach dem Tode des Heilands ein Jude als Lohn für langjährige Dienste. Der wusch den Rock im klaren Bronnen; aber, o Wunder, das Blut des Erlösers ließ sich nicht entfernen. Als der König dies hörte, gebot er voller Wut, das Kleidungsstück in einen Steinsarg zu schließen und mit diesem im Meere zu versenken. Das geschah; aber ein Sturm zerschlug den Sarg am Strand, und ein Engel barg den Rock unter die Erde. Nach acht Jahren fand ihn ein frommer Wallfahrer, der das Blutwunder gleichfalls gewahrte, es richtig deutete und mit heiliger Ehrfurcht den Rock den Fluten wieder übergab. Ein Walfisch verschluckte ihn und trug ihn wieder acht Jahre im Magen. Dann wurde das Tier bei einem Fischzug die Beute des Helden Orendel, der sich rühmte, der Sohn des Königs Eigel von Trier zu sein.

Es liegt eine Stadt der Mosel nah,
Trier ist sie genannt
Und weithin bekannt.
Stolz thronte vor Jahren
Ein Fürst dort, reich und erfahren.
Eigel hieß er in weiter Welt
Zwölf Könige waren ihm unterstellt.
Eigel hatte der Söhne drei,
Die ließ er lernen mancherlei,
Liebwert wuchs vor allen Orendel.

Dieser junge Held war einst mit stattlichem Gefolge auf 72 Kielen die Mosel und den Rhein hinab in See gestochen zur Fahrt ins Heilige Land, wo er Frau Breide, die schönste der Frauen, als Gattin zu gewinnen dachte. Die Schiffe gingen mit Mann und Maus unter. Orendel allein rettete sich an den Strand und trat bei dem Fischer Eise in Dienste, mit dem er den Wal erlegte. Als man in dessen Magen den grauen Rock fand, erwarb ihn Orendel für dreißig goldene Pfennige. Mit des Herrn Gewand bekleidet begab sich nun Orendel auf den Weg zum Hl. Grab, und nach einigen Abenteuern gelangte er an den Hof der Frau Breide zu Jerusalem. In gewaltigem Kampf tötete oder verjagte er heidnische Ritterscharen und erstach die Riesen Metwin und Peliam samt ihren Genossen. Voll Staunen kam Frau Breide zu ihm aus der Burg heraus und fragte in hoffender Sehnsucht: »Bist du Eigels Sohn, vom Himmel mir als Gatte verheißen?« Orendel verleugnete sich, da seine Aufgabe noch nicht gelöst war, ließ sich aber gerne in der Burg bewirten. In langwierigen Kämpfen von Gottes Engeln oft unterstützt, schlug er von neuem der Heiden Scharen vor Jerusalems Mauern, bis sie sich für überwunden erklärten und zur Taufe kamen. Nun gab Orendel sich Breide zu erkennen und wurde als König von Jerusalem von allen geehrt.

Der Fischer Eise war seinem ehemaligen Knechte ins Heilige Land nachgepilgert, und hier wurde er von dem dankbaren König zum Herzog ernannt. Gemeinsam veranstalteten sie eine Heerfahrt nach Westval, die aber Orendel und Breide in Gefangenschaft brachte. Doch durch himmlischen Beistand wurden sie befreit und blieben auch diesmal siegreich. Darauf bezwang Orendel Babylons Fürsten und Völker im Kampfe und machte sie zu Christen. Kaum war dieser Krieg beendet, da kam ein Engel zum Königspaar mit der Botschaft, Trier werde von heidnischen Scharen belagert.

König Orendel, höre die Kunde,
Die ich dir bringe aus göttlichem Munde.
Gott und die Jungfrau sagen dir an,
Daß auf des alten Trier heiligem Bann
Dreizehn Könige lagern der Heiden,
Schaffen mit Kriegsvolk viel bitteres Leiden,
Herzöge zwölf auch schüren die Glut
Und sechzehn Grafen in stolzem Mut.
Löschst du dem Vater nicht schnell den Brand,
Ach, so verliert er die Burg und das Land,
Und all die Seinen verlieren den Leib,
Mann wie Weib.

Alsbald eilten Orendel, Breide und Eise mit ihren Getreuen über das Meer zur Stadt, wohin sie beschieden waren. Als die Heiden vor Trier Orendels Ankunft in Metz vernahmen, zogen sie ihm entgegen und baten demütig um Verzeihung. Sie ward ihnen auf ihr Versprechen hin, Christen zu werden, gerne gewährt.

Aber auch in Trier fand Orendel keine Ruhe. Das Heilige Grab war von neuem in Feindes Hand gefallen, und so mußte er ohne Verzug wieder zurück, erhielt aber vom Engel vorher die Weisung:

Christi Rock darfst du nicht mit dir führen,
Trier soll er hinfort herrlich zieren,
Trier, wo Gott einst vor des Thrones Stufen
Sünder ohn' Zahl wird zum Weltgericht rufen.

Schweres Leid durchkosteten Held Orendel und die edle Königin nach ihrer Ankunft im Morgenland; aber schließlich siegte er abermals über Babylons König, und durch Breides Kühnheit wurde das Heilige Grab wieder befreit. Noch kurze Zeit lebte das Fürstenpaar in Züchten und Entsagen und diente dem Heiligen Grab um Gottes willen. Zum Lohne für ihre Treue geleitete ein Chor seliger Engel Orendel und Breide ins himmlische Königreich.

TREBETA – DIE TRIERER GRÜNDUNGSSAGE

Anonym
15. Jahrhundert

Ninus hinterließ zwei Söhne. Den ältesten beredete seine ruchlose Mutter, Semiramis, sie zum Weib zu nehmen. Nach dessen Tod stellt sie an den zweiten Sohn das gleiche Ansinnen. Der aber, Trebeta, erbat sich Bedenkzeit, floh ins Ausland und gründete eine Stadt, die er Trebeta nannte, das heutige Trier. Und dies geschah 1400 Jahre vor der Gründung Roms. Trebeta erbaute in der neuen Stadt einen Tempel, stellte darin seine Götzenbilder auf und deckte ihn mit einem Dach aus Magnetsteinen. Nachdem die Bedenkzeit verstrichen war, fahndete Semiramis nach ihm und reiste nach Trier, um ihn zu freien. Trebeta empfing sie höflich vor der Stadt und ging zum Schein auf ihre Wünsche ein, verlangte aber, seine Mutter solle sich, wie er es den Göttern versprochen habe, in voller Rüstung im Tempel präsentieren. Semiramis begab sich also im Panzer mit ihm zum Tempel. Dort aber zog das Magnetdach sie mitsamt der Stahlrüstung empor und, an der Decke aufgehängt, starb sie so unnatürlich, wie sie gelebt hatte.

DAS FÜRSTENMAHL ZU TRIER IM JAHRE 1473

Diebold Schilling

1480

In dem Jahr, da man zählt von der Geburt unsers lieben Herrn Jesu Christi 1474 [lies: 1473] Jahre, an einem Montag nach Sankt Franziskustag, hat Herzog Karolus von Burgund geladen zu Tisch unsern Herrn, den Kaiser Friedrich III., Herzog Maximilianen, seinen Sohn, und alle Fürsten und Grafen und andern Herrn, die mit ihm zu Trier waren, auch aller Fürsten Botschafter, und reit der Kaiser an dem genannten Tage um die neunte Stunde vormittags mit aller seiner Herrschaft nach Sankt Maximianen, und reit ihm vor Graf Eberhard von Württemberg, Veit von Rechberg, Herr Johannes Spät und Herr Wilhelm von Wernov, die waren wohl gerüst, [im Turnier] scharf zu rennen. Und kamen danach zween Österreicher, die ritten zu Sankt Maximianen in den Hof, und kam der Herzog von Burgund zu ihm heraus und hatt' an ein gulden Rock mit Perlen und edlem Gestein, der war geschätzt für 100000 Gulden, und rannten daselbst die oben genannten Sechs [im Turnier] vor den Herren. Und nach dem Rennen stunden die Herren ab und gingen in die Kirchen.

Item, der Altar war also gezieret: Zum ersten stunden darauf 24 Bilder [Statuen] auf vier Schemeln, jegliches anderthalb Ellen lang, waren alle silbern und vergoldt. Zu oberst danach auch auf zwein Schemeln zwölf Apostel, waren auch silbern und vergoldt. Danach zehn Bilder von lauterm Gold und andere schlichtere und dennoch köstliche Bilder, auch ganz silbern und vergoldt, und abermals vier Bilder, eine Elle lang, auch ganz silbern und vergoldt.

Item zehn Kreuze bei den Bildern, von lauter Gold mit edlem köstlichem Gestein, war je eines größer denn das andere, und daran groß Gezierde.

Item sechs Leuchter, zween von lauterm Gold, zween vergoldt und zween silbern, vier Engel von lauterm Gold, eine Elle lang, mit vier Leuchtern, auch golden. Ein Kasten [Reliquienschrein], war daran viel golden, darin waren Sankt Paulus' und Sankt Antoniens Heiltum.

Item ferner ein Tabernakel, war mit kleinen Bildern [Figuren], der war von lauterm Golde gemacht und mit edlem Gestein vielfältig verzieret.

Item eine goldne Lilie mit großen köstlichen edlen Steinen, darin von den drei Nägeln einer unsers lieben Herrn Jesu Christi, wie man sagt, und ein Kreuz[partikel] darin, geschnitten von dem heiligen Kreuze, darin ein Diamant, [der] wohl zwei Finger lang war, und mag dieselbe Lilie ob des großen Heiltums wegen niemand abschätzen.

Item nach der Meß gingen die Herren in das Refental [Refektorium] zu Sankt Maximianen, darin stund ein Bufett, war zehn Staffeln hoch und zwanzig Spannen breit, und stunden bis oben an das Gewölbe die hienach genannten Stücke.

Item 24 Flaschen, groß und klein, der Mehrteil ganz golden, und die andern silbern und vergoldt, ferner siebenzig Kannen, groß und klein, alle golden und silbern, und an die hundert Becher mit Deckeln, mit Gold und edlem Gestein und großen Perlen gemacht, ferner vierzig Dutzend großer Schalen, dazu sechs Schiffe [Trinkschiffe], groß und klein, ganz silbern, und ein Teil ganz golden, die Hände zu waschen, und ander Geschirr.

Item ferner sechs Einhörner, darunter waren zwei, jegliche dreier Ellen hoch. Ferner ein silbern Almergen [d. s. Armarium, Schrein], dreier Ellen hoch, und sechs silberne große Gelten [d. s. Gefäße], hatt' jegliche 24 Maß. Und war alles silbern, was auf dem Tisch stund, und trank jeglicher aus einer großen silbernen Schalen, und hatten je zween eine goldene oder silberne Wasserkannen vor ihnen stan.

Item das Refental war ganz umzogen mit gewirkten goldnen

Tüchern [Wandteppichen], und auf dem Tisch, an dem der Kaiser saß, war ein köstlich golden Tuch. Es stunden auch drei Tische in dem Refental, die waren gleich lang.

Item an dem obersten Tisch saß der Kaiser und [der] Herzog von Burgund beieinander, und saß bei ihnen an dem selben Tisch der Bischof von Mainz, der Bischof von Trier, der Bischof von Lüttich und der Bischof von Utrecht.

Item an dem andern Tisch Herzog Maximilian von Österreich, Herzog Stephan von Bayern, Herzog Albrecht von München und Herzog Ludwig von Veldenz.

Item an dem dritten Tisch, an der rechten Seiten, saß der Bischof von Eichstätt, Markgraf Karl und Markgraf Christoffel von Baden, Markgraf Albrecht von Brandenburgs Räte, der Türkische Kaiser, Graf Hugo von Montfort, Graf Jost von Hohenzollern, Graf Ulrich von Montfort, Graf Kraft von Hohenlohe, Graf Adolf von Nassau, Graf Phillip von Nassau, dazu Herzog Maximilians Hofmeister und andere Herren.

Item oben an der andern Seiten Graf Eberhard von Württemberg, Markgraf Albrecht von Brandenburg, Herr Jakob Trapp, Graf Ulrich von Sultz, Graf Otto von Henneberg, Graf Alwig von Sultz, Graf Schaffried von Leiningen, Graf Eberhard von Sonnenberg und andere.

Item der erste Gang mit dem Anrichten waren vierzehn Essen; vor dem Essen gingen zehn Trompeter, vier Pfeifer und zween mit großen Boicken [d. s. Pauken] und sechzehn Grafen mit eitel goldenen und gestickten Röcken.

Item zu dem andern Gang zwölf Essen, und zu dem dritten Gang zehn Essen, die waren alle köstlich und wohl bereitet.

Item nach dem Essen bracht man dreißig Kredenzgeschirre mit Konfekt, darunter ward das eine geschätzt auf sechzig [tausend] Gulden.

Item der Herzog von Burgund hat mehr denn 600 Mann an seinem Hof, die alle anhatten anderes nit denn golden, silbern und seidene Gewand, und sehr wohl durchziert mit Besatz, ohne seine Bogner [d. s. Bogenschützen], die in seine Garde gehören, deren sind 200, die hatten Scharnien [d. s. Kriegsmäntel] an, waren alle golden und silbern.

Item sagt man auch, daß kein köstlicher Mahl von einem Herzog von Burgund nie mehr gesehen [worden] sei, und auch [nicht] das groß Gut und Gezierd [d. i. Geschmeide], von dem oben geschrieben steht.

TRIER, DIE STÄTTE DER WISSENSCHAFT

Päpstliche Gründungsbulle der Universität

1473

Wir haben kürzlich erfahren, unser ehrwürdiger Bruder Jakob von Sierck, Erzbischof von Trier, wünsche zu Nutzen und Gedeihen des Staates und der Einwohner der ihm untergebenen Länder, daß in seiner Stadt Trier, einem ausgezeichneten und hierzu passenden und geeigneten Ort, der ein mildes Klima, eine Fülle an Lebensmitteln und Vorrat an den übrigen zum menschlichen Gebrauch gehörenden Dingen hat, durch den Apostolischen Stuhl eine Universität errichtet werde. Es sollen dort der katholische Glaube ausgebreitet, die Unwissenden unterrichtet und die Richtigkeit des Urteils gewahrt werden, damit die Vernunft herrsche und der Menschen Geist erleuchtet werde.

HELENA ERWIRBT DEN HEILIGEN ROCK

Legende
Um 1490

St. Helena suchte ein ganzes Jahr umsonst in Jerusalem nach dem ungenähten Gewand Jesu Christi, der Sehnsucht ihrer Wünsche und Träume. Wohin sie sich auch wandte, um Kunde zu erhalten, wo es nach der Kreuzigung des Herrn verblieben sei, vergebens. Nirgends eine Spur. Sie mischte sich unter das Volk, suchte die Soldaten auf, scheute kein Geld, ihr Ziel zu erreichen! Niemand konnte ihr Auskunft, niemand auch nur den kleinsten Fingerzeig geben. Schon wollte sie mut- und hoffnungslos ihre Nachforschungen aufgeben und mit dem hochheiligen Kreuze, das sie mit Gottes Hilfe so schnell aufgefunden hatte, nach Trier zurückkehren, als sie des Nachts im Traum eine Stimme hörte, die ihr befahl, im Haus des Herodes nach der Tunika des Herrn zu suchen. Da wuchs in ihr die Hoffnung wieder, das ungenähte Gewand nun doch zu finden und es für die Trierer Kirche erwerben zu können.

Voll Vertrauen auf den Schutz dessen, der das heilige Kleid getragen hatte, machte sie sich auf zum Palaste des Herodes und bot sich als Dienstmagd an. Da die Heilige von großer Schönheit und Güte war, fand sie Gnade vor den Augen der Königin und wurde für ein Jahr dem königlichen Haushalt eingereiht. Es waren schwere Tage, die sie im Hause des Herodes durchzumachen hatte. Das Hofgesinde haßte sie wegen ihrer Schönheit und ihrer steten Dienstbereitschaft, die ihr so schnell das Wohlwollen des Königspaares eingetragen hatten. Helena aber störte sich an nichts. Sie kannte nur ein Ziel, dem sie unentwegt zusteuerte: die Tunika Jesu Christi. Ihretwegen nahm sie die niedrigsten Arbeiten auf sich, ertrug geduldig Verleumdungen und Verfolgungen. Bisher aber hatte sie noch nichts von dem Ge-

Westwerk des Domes und figurengeschmücktes Portal der Liebfrauenkirche

wand des Erlösers sehen und hören können. Da fügte es Gott, daß sie das einzige Kind des Herrscherpaares aus großer Lebensgefahr erretten konnte. Der König und die Königin dankten ihr das aus ganzem Herzen, und Herodes forderte sie auf, einen Wunsch zu äußern, er wolle ihn erfüllen, was es auch sei. Bescheiden erklärte sie, nur ihre Pflicht getan zu haben, und blieb weiterhin die stille, fleißige Dienerin. Von dem Tage an aber genoß sie das unbegrenzte Vertrauen der Königin und wurde bald nur mehr in deren engeren Diensten beschäftigt. Der ganze Palast stand ihr nun offen, und bald fügte es sich, daß sie auch in den Raum kam, in dem die Tunika des Nazareners aufbewahrt wurde. Voll heiliger Freude und Rührung sank die Heilige auf die Knie nieder, als sie zum erstenmal vor dem Kleid des Erlösers stand, und heiße Tränen entströmten ihren Augen, da sie die Blutflecken daran erblickte.

Bald war nun ihr Jahr im Hause des Herodes um, und es zog sie nach der Heimat. Als sie vor dem König und der Königin stand, um Abschied zu nehmen, und Herodes sie fragte, was sie als Lohn für ihre treuen Dienste begehre, faßte sie sich ein Herz und bat um die Tunika des Nazareners. Herodes erschrak, als er diese seltsame Bitte hörte. Nur ungern wurde er noch einmal an den Nazarener erinnert. Aber dann gedachte er seines königlichen Wortes, ließ das Kleid bringen und übergab es St. Helena. Voll unermeßlicher Freude drückte sie es an ihr Herz, behütete es mit Sorgfalt und schenkte es, zurückgekehrt, der Trierischen Kirche.

DER HELENENBRUNNEN IN EUREN

Legende
Um 1490

Vor den Toren Triers stand in alten Zeiten ein herrlicher Palast, umhegt von grünen Matten, schattigen Hainen, geschützt durch eine dreifache Mauer. Der Kaiserin Helena großer Sohn hatte ihn seiner vielgeliebten Mutter erbauen lassen, damit sie in der herrlichen Natur und Waldesluft Erholung und Gesundheit fände. In seiner Nähe entsprang im kühlen Waldesschatten ein klarer Quell. Als viele Jahrhunderte später, da nur mehr Trümmer von dem Palaste kündeten, die Eurener Kinder am fröhlich rinnenden Bächlein Blumen pflückten und sie in den Quell streuten, sahen sie tief unten im Wasser eine liebliche Jungfrau sitzen, angetan mit einem geblümten Rocke, der dem geblümten Heiligen Rocke glich. Auf ihrem Haupte blitzte eine Krone von Gold, und in ihrem Haare glitzerten Edelsteine. Sie winkte und lächelte hold den Buben und Mädchen zu. Und als eilig deren Eltern kamen, gleichfalls das Wunder zu schauen, sahen auch sie die Jungfrau mit der Krone, umkränzt vom Heiligenschein. Da wußten sie, daß es Helena, die heilige Kaiserin war. Gleich dünkte ihnen der einfache Waldesquell nicht gut genug für dieses Wunderbild. Aus den Trümmern des Palastes bauten sie ihm einen neuen Brunnenkranz, der der holden Erscheinung würdig war.

Voll Stolz auf ihr Werk leiteten die Eurener dann das Wasser des klaren Quells zum neuen Brunnen. Das aber wollte nicht und kehrte bergauf zurück zur alten Stelle. Dreimal leiteten sie es um, und dreimal rann es zur Quelle zurück. Da überkam die Eurener Angst. Sie wußten nicht, ob es Teufelswerk oder Gotteswerk sei. Sie klagten dem Pfarrer ihr Leid. Der beruhigte sie mit klugem Rat. Sie nahmen Kreuz und Fahne, geweihtes Wasser und Weihrauch und zogen in langer Prozession, mit dem Pfarrer an der Spitze, hinaus zur alten Quelle und dann zum neuen Brunnen. Dreimal pilgerten sie im Kreis um beide, und der Pfarrer weihte dann den Brunnenkranz mit heiligem Wasser und duftendem Weihrauch zu Ehren der hl. Helena. Als die Eurener nun den Quell wieder zum neuen Brunnen leiteten, da rann der Strahl nicht mehr zurück, sondern sprudelte silberhell in das Gestein. Sie nannten ihn Helenenbrunnen, wie er auch noch heute heißt, und ernannten die hl. Kaiserin zur Schutzpatronin von Euren. Die Legende erzählt, daß wer sich dem Brunnen in der Nacht zum 18. August, dem Gedenktag der Heiligen im Abendland, mit unschuldigem Kinderherzen und frommem Kinderglauben nahet, das Glück zuteil wird, daß er im Brunnenwasser die heilige Trierer Kaiserin sieht.

DER DOMSTEIN

Legende
Um 1490

Die hl. Helena war von ihrer Pilgerfahrt ins Heilige Land glücklich nach Trier zurückgekehrt. Gott hatte ihr seinen Schutz und seine Hilfe in ihrem Vorhaben in reichem Maße zuteil werden lassen. Sie hatte das hochheilige Kreuz, das ungenähte Gewand unseres Herrn und Heilandes und andere kostbare Reliquien aufgefunden und mitgebracht. Zum Danke dafür ordnete sie alsbald nach ihrer Rückkehr an, daß ihr Palast fortan dem Dienste des Allerhöchsten geweiht sein solle. Triers tüchtigster Baumeister wurde mit seinem sofortigen Umbau in einen herrlichen Dom betraut.

Unter dem Schutze der Kaiserin ging der Dombau rasch vonstatten. Nur die Herbeischaffung der vier schweren Syenitsäulen für die Vierung machte dem Baumeister große Sorgen. Nirgends hatte man einen schönern Granit dafür finden können als in den Steinbrüchen des Felsberges im Odenwald. Aber wie die 18 Meter hohen und 650 Zentner schweren Säulen unbeschädigt nach Trier bringen! Für jeden dieser Kolosse brauchte man schon auf ebener Erde ein 16pferdiges Gespann, und der Weg aus dem Odenwald nach Trier ging über Berge und Täler.

Da kam in dieser großen Not unerwartete Hilfe. Der Baumeister war eines Abends noch allein auf der Baustelle. Man sah seinem bekümmerten Gesichte an, daß er noch immer keinen Ausweg gefunden hatte. Da trat ein Fremder zu ihm und sprach mit krächzender Stimme: »Ich will Euch helfen, das Werk zu Ende zu führen, aber Ihr müßt mir zuerst sagen, was es werden soll.« Der Baumeister musterte den kühnen Fremdling von oben bis unten. Plötzlich fuhr ihm der Schreck durch die Glieder. Aus dem bis auf die Erde reichenden Mantel des Fremden schaute bei einer unvorsichtigen Bewegung ein Pferdefuß für den Bruchteil einer Sekunde hervor. Das aber hatte genügt, den Baumeister erkennen zu lassen, daß der leibhaftige Gottseibeiuns vor ihm stand. Schon wollte er ihn durch das Kreuzzeichen in die Flucht schlagen. Da er aber so leicht keine Furcht kannte und auch der Trierer Schalk ihm im Nacken saß, besann er sich blitzschnell, daß er die Hilfe des Fremden wohl gebrauchen und annehmen und ihm dann ein Schnippchen schlagen könne. So machte er gute Miene zum bösen Spiel und sagte leichthin: »Ei, sind Sie denn der einzige Fremdling in Trier, der nicht weiß, was hier geschieht! Das wird das größte Wirtshaus der Stadt, in dem Bacchus seine Feste feiern und das Geld auf den Spieltischen rollen wird.« Da frohlockte der Unbekannte. Die Wirtshäuser hatte er gar gerne. Dafür lieh er freudig seine Hilfe, denn sie waren seine besten Freunde und Helfer. Er schloß mit dem Baumeister einen Vertrag, in dem er sich verpflichtete, die vier Syenitsäulen aus dem Odenwald in einem Zeitraum von vier

Wochen unbeschädigt herbeizuschaffen und aufzustellen. Dafür müsse er zum Eröffnungsfest eingeladen werden und auch weiterhin freien, ungehinderten Zutritt in dem neuen Wirtshaus haben.

Acht Tage später stand schon die erste der herrlichen Marmorsäulen an ihrem Platze im neuen Dom, ohne daß jemand außer dem Baumeister wußte, wie sie dahingekommen war. Der aber sagte zu niemand ein Wort, außer zu dem Bischof Agritius. Nach seiner Unterredung mit diesem verdoppelte er die Zahl seiner Leute und ließ sie fieberhaft bis in den späten Abend hinein schaffen, besonders in der Vierung. Nach acht Tagen stand des Morgens wieder eine der Riesensäulen im Dom, und nach einer weiteren Woche die dritte. Es war eine Freude, sie anzuschauen. Ihr dichtgelagerter, blitzender Feldspat, untermischt mit Hornblendeteilchen, lachte einen jeden an, der sich darin spiegelte. Sie trugen jetzt schon zu dreien spielend die mächtige Vierung mit ihrer allseitigen Frontlänge von 42 Meter.

Als der Teufel am letzten Tage der vereinbarten Zeit mit der vierten Säule durch die Lüfte angesaust kam, hörte er schon von fern feierlichen Glocken- und Orgelklang aus dem angeblichen großen Wirtshaus. Nichts Gutes ahnend, schaute er neugierig durch die hohen Fenster der Windstraße hinein. Wie der Blitz fuhr er zurück, denn sofort ging ihm ein Licht auf, und er erkannte, daß der Baumeister ihn betrogen hatte. Das war kein Wirtshaus, sondern ein Haus Gottes, denn überall standen Altäre, und durch die Kirche trug eben der Bischof die goldene Monstranz mit dem Kreuzpartikel, segnete sie nach allen Seiten und nahm dadurch dem Teufel alle Gewalt über sie.

Der Teufel knirschte vor Wut, daß er sich so dumm hatte übertölpeln lassen. Dem Baumeister wollte er den Spaß aber noch versalzen. Mit der schweren Säule erhob er sich über den Dom, kreuzte ein paarmal hin und her, auf und nieder, zielte und warf in seinem Zorn und Haß doch daneben. Die Säule fiel mit einem schrecklichen Donnerschlag vor dem Dome nieder und barst in zwei Stücke, die heute noch vor dem Portale der Kathedrale zu sehen und allenthalben bekannt sind unter dem Namen: Der Domstein zu Trier.

Niemand hat größere Freude über ihn als die Trierer »Biwacken«, die auf ihm herumrutschen und ihre Hosen zerreißen, wie die Trierer Mundartverse so drastisch erzählen:

»Om Dumstaan sei m'r eromgerötscht
Et wor net emmer ginstig,
De Box zerröß, de Kaap verlor,
De Kopp zerschonn, blutrönstig.
Kaom eich dann haam, dao woßt eich gleich,
Eich braucht kaan Red' ze haalen,
Eich braucht bluß guden Dag ze saon,
Dat annert sät mein Aalen.
Roff de Trepp
Schlich eich meich off d'n Ziewen,
Doch mein Klepp,
Die sein net ausgebliewen.«

IN EUREN GRAUEN, RUHMBEKRÄNZTEN MAUERN

Conrad Celtis
1498

Wie hoher Glanz der Fürsten ist erloschen
In euren grauen, ruhmbekränzten Mauern,
Trierische Männer, die der sanften
Mosella Silberfluten trinken!

Das alte Rom in seinem tiefen Sturze,
In seinen Trümmern wähnt ich hier zu schauen,
In diesen Toren, Bögen, Hallen,
In alter Könige Paläste.

Zerfallen stehen sie im grünen Saatenmeere,
Hoch auf der Mauern stolzen Zinnen ragen
Gesträuche, wilde Blumen blühen
Auf der Gewölbe kühnen Höhen.

Ich sah der Götter herrliche Gebilde
Mit frommen Worten heiliger Gelübde
In Straßen achtlos, ungeehret,
Im Staub auf Marmortrümmern ruhen.

Sah Gräber, Leichensteine, Griechenschriften,
Von treuer Hand Geschiedenen geweihet,
In Gärten, weinumlaubten Mauern,
In öde Winkel nun verbannet.

Was widerstrebt der Macht des Zeitstromes?
Sie stürzte selbst Herakles Riesensäulen,
Begräbt auf ew'ger Bahn der Sphären
In Trümmer uns und unsre Werke.

16. Jahrhundert

1512 – Heiliger Rock erstmals vor Kaiser Maximilian ausgestellt.

1522 – erfolglose Belagerung Triers durch Franz von Sickingen.

1559 – Reformation; Vertreibung von Protestanten.

1565 – Stadt unterliegt im Streit um die Reichsunmittelbarkeit.

Seit 1570 – Hexenprozesse.

17. Jahrhundert

Ab 1623 – französische und spanische Besatzung im Dreißigjährigen Krieg.

1633-1635 – Friedrich von Spee in Trier.

1651 – nur noch 3600 Einwohner.

1672-1679 – Der Holländische Krieg.

1673 erklärt der Kaiser Frankreich den Krieg.

1674 – Zerstörung der Vorstadtklöster durch den französischen General Vignory.

1675 – Schlacht an der Konzer Brücke: Vertreibung der Franzosen durch den Kaiserlichen General Grana.

KAISER MAXIMILIAN IN TRIER

Augenzeugenbericht
3. Mai 1512

In Gegenwart des Durchlauchtigsten, Großmächtigsten und Unüberwindlichsten Fürsten und Herrn, Herrn Maximilian, Römischen Kaiser, zu allen Zeiten Mehrer des Reiches, und in Beisein vieler andern Fürsten wurde zuerst öffentlich verkündet und ausgerufen, welche Reliquien man gefunden habe. Dann wurden alle neu entdeckten Heiligtümer in drei silbernen Kasten in das Chor hinausgetragen und vor der Kaiserlichen Majestät auf einen eigens dazu hergerichteten Altar mit Würde und geziemender Ehrfurcht aufgestellt.

Kaum war der Bericht über die Auffindung der Heiligtümer zur Kenntnis der Fürsten, Herren und des gemeinen Volkes gekommen, da wollte das Rufen und Bitten der Versammelten, man möchte den Hl. Rock zeigen, nicht mehr aufhören. Dies heftige Verlangen der Fürsten und des gemeinen Volkes fand den Gnädigen Herrn Erzbischof ganz unvorbereitet, einen solchen Schatz mit gebührlicher Feierlichkeit zu zeigen. Er ließ also den Hl. Rock so gefaltet sehen, wie man ihn gefunden hatte. Damit aber war das Volk nicht zufrieden. Es rief noch heftiger als vorher, man solle den Hl. Rock ganz ausgebreitet öffentlich zeigen.

Der Erzbischof und die Herren vom Kapitel wurden durch solches mannigfaltige Rufen und Verlangen überwunden, rüsteten sich mit geziemendem Geräte, wie sie es am besten konnten und vermochten, und zeigten den Hl. Rock ganz offen und ausgebreitet.

Es kann, so nahe man auch dabei steht, niemand sagen, aus welchem Stoffe er gemacht sei; denn er fühlt sich sonderlich an, zwischen Sammet und Chamelot, nicht so sanft, als der Sammet, auch nicht so hart, als der Chamelot: es deucht mir, daß etwas von Nessel darin sei: doch kann niemand mit Sicherheit sagen, wovon er gemacht sei.

Weniger noch kann man verstehen, wie er gemacht sei; denn es ist eine seltsame Arbeit, nicht gewebt, das ist klar, sondern so, wie in der Scholastica historia davon geschrieben steht, daß er *reticulato opere* gemacht sei, das ist gestrickt, wie man Handschuhe oder Birete strickt. Er ist aber mit solcher Feinheit angefertigt, daß man es nicht begreifen noch verstehen kann, auch ist die Anfertigung solcher Arbeit jetzt nicht mehr bei den Menschen kund. Von den Domkapitularen sind einige erfahrene Kenner solcher Arbeiten zum Hl. Rock geführt worden, da hat man sie aufgefordert, wohl zuzuschauen und zu sagen, ob sie die Arbeit und den Stoff genauer zu bestimmen vermöchten. Sie konnten aber nicht einig werden, sondern redeten in verschiedener Art.

Der Rock ist wunderlich geblümt mit gar seltsamen Figuren und von solcher Arbeit, daß, wenn man ihn an einem Orte auftrennte, er mit keiner Nadel wieder zusammenzuheften wäre.

Das hat manchen Menschen zum Weinen gerührt. In den 14 Tagen, dieweilen man den Hl. Rock zeigte, waren oft über 100000 Menschen gegenwärtig; denn so haben die adeligen Herren, die sich auf solche Schätzung verstanden, die Zahl der Volksmenge überschlagen. Unter den Zuschauern fand man gar wenige, welche nicht zu Tränen bewegt waren bei der Anschauung des Hl. Rockes; denn dieser Rock ist gar rührend anzusehen. Der muß ein harter Mensch sein, dem er nicht eine besondere Bewegung in seinem Herzen erwecket.

Seine Farbe ist seltsam, sie ist nicht grau und auch nicht ganz braun. Meines Bedünkens zeigt sich der größere Teil lohfarbig, aber tot; doch hat er auch diese Farbe nicht ganz. Seine Farbe verändert sich nach der Luft, also daß kein Maler dieselbe recht treffen kann. Eine solche Farbe wird jetzt, soviel man zu sagen weiß, in keinem Lande mehr gebraucht.

Das war auch die Ursache, warum die Diener und Soldaten des Pilatus den Rock Christi nicht zerschneiden wollten; denn, wenn sie ihn aufgeschnitten hätten, wäre er gar auseinandergefallen, und keiner hätte von seinem Anteil einen Nutzen gehabt. Er ist auch solchergestalt befunden worden, daß er der Hl. Schrift wohl entspricht. Gott gebot nämlich dem Moses, die Kinder Israels sollten sich an den vier Enden der Kleider Säume machen. Weil Christus aber selbst bezeugt: »Ich bin nicht gekommen, das Gesetz aufzulösen, sondern es zu erfüllen«, darum hat er sich nach den Vorschriften des Gesetzes gerichtet.

DAS ZWEITE ROM

Papst Leo X.

1515

Unser Mitbruder Richard, Erzbischof von Trier, hat Boten an uns und den Apostolischen Stuhl gesandt, um uns seinen Gehorsam zu beweisen. Aus dem von ihnen abgestatteten Bericht haben wir erfahren, wie die Kirche von Trier unter dem hl. Apostelfürsten Petrus vor allen Kirchen Deutschlands und Galliens durch die Predigt der hh. Eucharius, Valerius und Maternus die Anfangsgründe des Glaubens erlernt und wegen ihres ehrwürdigen Alters den Primat über alle jenseits der Alpen gelegenen Kirchen besessen hat. Im Verlaufe der Zeit wurde sie von der hl. Helena, der Mutter des großen Konstantin, die ihr königliches Haus, welches sie zu Trier besaß, hergab, in herrlicher Weise ausgebaut und begütert. Nachdem die genannte hl. Helena zu Jerusalem das hl. Kreuz und die Nägel des Herrn gefunden hatte und nach Rom zurückgekehrt war, ist dieselbe

Trierer Kirche mit Bewilligung und Zustimmung des hl. Papstes Silvester reich ausgeziert worden durch den ungenähten Rock unseres Herrn, Jesus Christus, durch einen der Nägel, womit derselbe Herr gekreuzigt wurde, durch das Haupt des hl. Papstes und Martyrers Cornelius und andere hochheiligen Reliquien. Von dem schon erwähnten Konstantin ward sie durch weitere kaiserliche Geschenke so sehr verherrlicht, daß sie mit Recht »das zweite Rom, die Herrin der Provinzen und die erste aller Kirchen Deutschlands und Galliens« genannt zu werden verdiente. Da sie im Verlaufe der Zeiten unbewegt für die Verteidigung der Römischen Kirche und des katholischen Glaubens einstand, hat sie leider lange von seiten tyrannischer Herrscher sehr harte Verfolgung erduldet. Endlich ist sie durch die Einfälle des Attila, der Hunnen, Griechen, Vandalen, Normannen und anderer Feinde des Glaubens zu Boden geworfen, derartig verwüstet und zerstört, ihres Goldes, Silbers und anderer wertvollen Kleinodien oder Schatzstücke beraubt und in solche Armut herabgedrückt worden, daß es nicht möglich bleibt, sie in ihren Bauten, in der Feier des Gottesdienstes und Chorgebetes in gebührendem Stand zu halten und zu bewahren. Wir wünschen, die genannte Trierer Kirche möge mit den ihr geziemenden Ehrenbezeugungen häufig besucht und durch passende, entsprechende Bauten, zahlreiche Geistlichkeit, vielfachen Gottesdienst und allem zur Verehrung des Herrn Gehörenden geziert, gefestigt und geschmückt werden, wie es ihre Würde erheischt und das Ansehen der hh. Reliquien, des ungenähten Rockes und des Nagels des Herrn, sowie die Verdienste des hl. Apostelfürsten Petrus, des hl. Bischofes und Martyrers Cornelius und der anderen Überreste vieler Heiliger, die bekanntlich dort ruhen. Die Christgläubigen, deren Hilfe die genannte Kirche seit so langer Zeit bedarf, werden bereitwilliger aus Andacht zu ihr hinpilgern und zum erwähnten Zwecke lieber hilfreiche Hand bieten, wenn sie sehen, daß man dort in reicherer Art an den Gaben der göttlichen Gnaden Anteil erlangt. Vertrauend auf die Barmherzigkeit des allmächtigen Gottes und die Autorität der hh. Apostel Petrus und Paulus verleihen wir allen und jeden Christgläubigen beiderlei Geschlechtes vollkommenen Ablaß und Nachlaß aller ihrer Sünden, wenn sie wahre Reue erwecken und beichten oder den Willen haben, eine reuige Beicht abzulegen, die genannte Trierer Kirche und die dort geborgenen Reliquien einmal besuchen und zu dem oben erwähnten Zweck (durch ein Almosen) hülfreiche Hand bieten. (Der Besuch der Trierer Kirche soll stattfinden) in jenem siebenten Jahr, worin die Heiligtumsfahrt zu Aachen, in der Lütticher Diözese, gefeiert wird, welche alle sieben Jahre am 7. Juli anzufangen und dann 14 Tage hintereinander zu dauern pflegt.

EDLE MÄNNER VON TRIER

Bartholomäus Latomus

1522

Edle Männer von Trier, die ihr unter der Heiligen Schutz steht
Welch ein gefährlicher Feind unsere Heimat bedroht und die Bürger
Hat uns Frau Fama zuerst, aber nun auch ein Bote berichtet.

Aber zwei Heilige sind mir erschienen, die stets wir verehren
Die für die Notzeit uns Hilfe und himmlischen Beistand versprechen
Mit dem Geheiß zu vertrau'n auf die große und mächtige Gottheit.

Laßt uns die Mauern verstärken, uns rüsten, dem Feind zu
begegnen
Tapfer mit Händen und Waffen vor allem die Stadt hier zu
retten.
Denn wenn wir diese nicht halten, dann geht auch
im Moselgebiete
Unsere Herrschaft zugrunde, die offenen Länder der Nachbarn
Werden erobert. So stählt euer Herz, lasset Trauer und
Schrecken.

Niemand kann ungestraft kämpfen der Heiligen Willen
entgegen
Ja, diese Heiligen werden uns schützen, die Heimat beschirmen
Und auch Gott selber wird sein Heiliges Trier nicht verlassen.

DIE HIESIGE BEVÖLKERUNG

Ambrosius Pelargus

1534

Bis jetzt habe ich mich in Trier noch nicht ganz eingelebt, sondern fühle mich noch wie in einer fremden Welt. Aber Triers große Vergangenheit zwingt zu staunender Ehrfurcht. Dazu herrscht hier ein sehr mildes Klima, das meinem schwachen Körper viel mehr zusagt als das von Freiburg. Und vollends kann ich kaum in Worte fassen, wie sehr mir die hiesige Bevölkerung gefällt; es gibt kaum eine ehrlichere.

Die Stadt selber ist fast vollständig bis zum Weichbild von Bergen umgeben, die teils bebaut, teils bewaldet sind; nach keiner Richtung hat man einen offenen Ausblick. Feldfrüchte und Wein gedeihen in üppiger Fülle. Die Moselweine sind von äußerst erlesener Güte, so daß sie ohne Zweifel dem Rheinweine gleichkommen, ihn zum Teil sogar übertreffen. Die Mosel allerdings hat außer einigen Barschsorten keine Fische von nennenswerter Güte. Dagegen liefert der Markt in reichlichem Maße Schaf- und Ochsenfleisch, Kalb-, Hammel- und schließlich auch Schweinefleisch, das meinem Gaumen vortrefflich mundet. Der Boden hier ist in jeder Beziehung ertragreich. Überall sieht man Rüben, Erbsen, Gurken und Kürbisse in Fülle. Und – um mich offen auszudrücken – ich esse nicht nur, ich schwelge.

DIE TRIERER

Simon Richwin

1547

Die Trierer sind ihrem Temperament nach ernst und neigen zur Melancholie. Im Umgang mit Fremden tauen sie aber nach einiger Zeit auf, und der strenge, zurückhaltende Ernst macht dann einer offenen Heiterkeit Platz. Ausonius, der sich um die Trierer sehr verdient gemacht hat, sagt schon irgendwo sehr richtig: die Natur hat hier ihren Kindern bei ihrem ernsten Gesichte ein gutes Gemüt und eine frohe Veranlagung geschenkt.

Das Trierer Klima ist oft neblig und regnerisch, so daß manche Leute, wie es auch bei anderen Städten geschieht, auf Trier das Wort von »einer Kloake der Planeten« anwenden. Aber das kommt nur von den Nebeln, die an den umliegenden Bergen hängenbleiben.

KEIN ÄLTERE STATT

Sebastian Münster
1548

Kein ältere statt findt man in Gallia dan Trier / wiewol sie offt zerbrochen ist nach irem anfang. Dise statt nach anzeygung der historien / ist gebauwen worden von dem fürsten Trebeta / wie man dan anno Christi tausend und zweyhundert an einem stein gefunden hat. Diser Trebeta ward vertriben auß dem künigreich Babylonia von seiner stieffmuter die hieß Semiramis / die nach abgang ires manns Nini regiert im selbigen reich. Und alß diser Trebeta kam mit seinem schiff über möre biß an den Rhein / fur er den Rhein hinauff und kam durch die Mosel zu einem hübschen und lustigen thal / und fieng do an zu bauwen eine statt / und nempt sie nach im Treberis / das ist Trier. Und das ist geschehen zu den zeiten Abrahe / das ist mer dan zwey tausend jar vor Christi geburt / und wie Eneas Sylvius schreibt / ist dise statt tausend und dreyhundert jar älter dan Rom.

»APOSTROPHE AD TREVIRUM«

Jakob Meelbaum
1657

Das, Ihr Bürger von Trier, ist Euere Zier und Euer bleibender Ruhm, daß Euch die Götter nicht nur ein Theater der schönen Künste gaben, sondern daß die mächtigen Herrscher der Welt, die unzählige Völker und bürgerstolze Städte regierten, gerade in Euerer Stadt ihren erhabenen Thron errichteten. In Triers Schoß schufen sie Gesetze und zahlreiche Satzungen, zu denen sich noch heute der größte Teil der weiten

Der Hauptmarkt mit dem 958 von Erzbischof Heinrich errichteten Marktkreuz. Im Hintergrund die Steipe mit den beiden Stadtwächtern

Welt bekennt. Deshalb pfleget voll Ehrfurcht Euere Schulen und Euere herrliche Universität, die allen anderen überlegen ist durch ihr hohes Alter und auch alle an Vornehmheit übertrifft. Ehret und liebet außerdem die Männer, die Recht und Gerechtigkeit schaffen, und verachtet auch die übrigen nicht, die Weisheit schmückt und kluge Gelehrsamkeit. Ihnen nämlich verdankt Trier, daß es selbst im Alter sich höchster Blüte erfreut und daß seine Geschichte immer wieder gepriesen wird und der trierische Name fernbleibt dem Grab des Vergessens.

GROSS NUR NOCH DURCH SEINEN NAMEN

Balthasar Alff
1698

Schon liegt da das Ziel des Wegs; dem Gebiete von Trier nähert sich Merkur und gelangt zu dem Berg, der seinen Namen von Apoll herleitet. Hier macht Merkur zum ersten Male Rast über der Stadt. Staunend betrachtet er aufmerksam die halbeingestürzten Bauten, die entseelten Reste der Häuser; das ganze Gebiet gleicht einem Leichenfeld: soviel ragende Gipfel mit geborstener Spitze, Spuren des traurigen Kriegs, Steine vom Alter verwittert, und das ganze Trier gleichsam begraben in Trier, groß nur noch durch seinen Namen.

Dann sah er das alte Theater, die Monumente, die Altäre der heidnischen Götter und die alten Zirkusbauten – Namen, stolz beinahe allein durch den Klang, aber vereinigt jetzt mit dem Wirrwarr der Trümmer. Alles Opfer der Zeit, die Häuser nur noch Schlupfwinkel für Wild und Schlangen. – Schwer seufzte da Merkur aus voller Brust, vor sich hinmurmelnd: »Was vermag nicht die Zeit zu wandeln?«

18. Jahrhundert

1700 – Bau der Heilig-Rock-Kapelle.

1705 – Alliierte Truppen unter Marlborough in Trier.

Ab 1714 – Beseitigung der Kriegsschäden des Spanischen Erbfolgekrieges im Stadtbild.

1717 – Brand des Doms.

1734 bis 1754 – Rokokoneubau St. Paulin.

1744 bis 1772 – Auswanderung von Trierern ins Banat.

1768 – Mit Regierungsantritt des letzten Kurfürsten Clemens Wenzeslaus von Sachsen kulturelle Blüte im Sinne der Aufklärung.

1789 – Ausbruch der Französischen Revolution.

1794 – Revolutionstruppen ziehen in Trier ein: Ende des Kurstaats.

1797 – Trier (Trèves) Hauptstadt des Saar-Departements.

1798 – Schließung der Universität.

TREVIRIS, DIE HOCHBERÜHMTE NYMPHE

Friedrich von Reiffenberg

1754

In Trier liegt ein Berg, der bis zu den goldenen Sternen reicht. Mächtig erhebt er sich mit felsigem Gipfel über der Stadt. Grün umfließt ihn im gewundenen Lauf die Mosel, mit gekräuselten Wogen die moosigen Ufer bespülend. Mitten auf seinen Hängen streben die laubreichen Wipfel der Buchen hoch und stehen in langer Reihe die heiligen Eichen. Vor Zeiten erhob sich hier ein Heiligtum des Apoll. Jetzt liegt der Bau verfallen da, und nichts ist geblieben außer dem alten Namen und den traurigen Trümmern.

Hierhin hatte einst Treviris, die hochberühmte Nymphe aus dem Gechlechte Trebetas, mit ihren Gefährtinnen die Schritte gelenkt, um ihr altes Reich zu überschauen. Vor ihren Augen lagen verfallen die Mauern von Trier, heimgesucht von zahllosen Schlägen des Schicksals. Aber ihre Blicke wandten sich dem alten hochragenden Bau zu, der dem Jupiter Tarpejus geweiht war. Dann ergötzten sie sich beim Anblick der Reste des berühmten Theaters und seiner Gewölbebogen. Weiter boten sich ihren Augen das Marstor und die Heiligtümer, die den römischen Göttern geweiht waren. Schließlich schauten sie Kaiser Konstantins berühmtes Schloß und die zerstörten Paläste der fremden Kaiser.

DIE PRÄCHTIGE LAGE DER STADT

Philipp Wilhelm Gercken
1776

Die Stadt Trier liegt recht angenehm in einem breiten, von Schweich bis an die luxemburgische Grenze fünf Stunden langen Tal zwischen einer Bergkette, davon ein großer Teil an Weinwuchs fruchtbar ist, wodurch in vielen Krümmungen die Mosel durch futterreiche Wiesen sich schlängelt. Man sieht von ferne die prächtige Lage der Stadt mit vielen Türmen, so die daran liegenden reichen Abteien einen Zuwachs an Glanz geben.

Die Stadt ist zwar von ziemlichem Umfang, aber in vielen Gegenden wüste und unbebaut. Man findet nicht allein sehr große Gärten, sondern sogar Fruchtland darin; dergleichen Plätze nennt man hier Olke. Hiernächst sind viele adlige und geistliche Höfe darin und eine gute Anzahl Klöster. Die Häuser sind massiv, auch etliche Straßen geräumig; im übrigen aber ist es ein toter Ort ohne Fabriken und Handlung, und obwohl hier eine Universität und viele Stifter, so ist doch nicht einmal ein Buchladen vorhanden.

TRIERISCHE HÜGEL BEHERRSCHTE DIONYSOS

Johann Wolfgang Goethe
‹1792›

Trierische Hügel beherrschte Dionysos, aber der Bischof Dionysius trieb ihn und die seinen herab. Christlich lagerten sich Bacchanten Scharen im Tale.

Hinter die Mauern versteckt üben sie alten Gebrauch.

DIE STADT AN SICH HAT EINEN AUFFALLENDEN CHARAKTER

Johann Wolfgang Goethe
1792

Trier den 29. Oktober.

Mein junger Freund, mit dem ich gar manche angenehme wissenschaftliche und literarische Unterhaltung genoß, war auch im Geschichtlichen der Stadt und Umgebung gar wohl erfahren. Unsere Spaziergänge bei leidlichem Wetter waren deshalb immer belehrend und ich konnte mir das Allgemeinste merken.

Die Stadt an sich hat einen auffallenden Charakter, sie behauptet mehr geistliche Gebäude zu besitzen als irgend eine andere von gleichem Umfang und möchte ihr dieser Ruhm wohl kaum zu leugnen sein; denn sie ist innerhalb der Mauern von Kirchen, Kapellen, Klöstern, Konventen, Kollegien, Ritter- und Brüdergebäuden belastet, ja erdrückt; außerhalb von Abteien, Stiftern, Kartausen blockiert, ja belagert.

Dieses zeugt denn von einem weiten geistlichen Wirkungskreis, welchen der Erzbischof sonst von hier aus beherrschte, denn seine Diözes war auf Metz, Toul und Verdun ausgedehnt. Auch dem weltlichen Regiment fehlt es nicht an schönen Besitztümern, wie denn der Kurfürst von Trier auf beiden Seiten der Mosel ein herrliches Land beherrscht, und so fehlt es auch Trier nicht an Palästen, welche beweisen, daß zu verschiedener Zeit von hier aus die Herrschaft sich weit und breit erstreckte.

Der Ursprung der Stadt verliert sich in die Fabelzeit; das erfreuliche Lokal mag früh genug Anbauende hierher gelockt haben. Die Trevirer waren in's Römische Reich eingeschlossen, erst Heiden dann Christen, von Normannen und von Franken überwältigt, und zuletzt ward das schöne Land dem Römisch-Deutschen Reiche einverleibt.

Ich wünschte wohl die Stadt in guter Jahreszeit, an friedlichen Tagen zu sehen, ihre Bürger näher kennen zu lernen, welche von jeher den Ruf haben freundlich und fröhlich zu sein. Von erster Eigenschaft finden sich in diesem Augenblicke wohl noch Spuren, von der zweiten kaum; und wie sollte Fröhlichkeit sich in einem so widerwärtigen Zustande erhalten.

Freilich wer in die Annalen der Stadt zurücksieht, findet wiederholte Nachricht von Kriegsunheil, das diese Gegend betroffen, da das Moseltal, ja der Fluß selbst dergleichen Züge begünstigt. Attila sogar aus dem fernsten Osten hat mit seinem unzählbaren Heere Vor- und Rückzug, wie wir, durch diese Flußregion genommen. Was erduldeten die Einwohner nicht im dreißigjährigen Kriege, bis zu Ende des siebzehnten Jahrhunderts, indem sich der Fürst an Frankreich als den nachbarlichsten Alliierten angeschlossen hatte, und darüber in langwierige österreichische Gefangenschaft geriet. Auch an inneren Kriegen erkrankte die Stadt mehr als einmal, wie es überall in bischöflichen Städten sich ereignen mußte, wo der Bürger mit geistlich-weltlicher Obergewalt sich nicht immer vertragen konnte.

Mein Führer, indem er mich geschichtlich unterrichtete, machte mich auf Gebäude der verschiedensten Zeit aufmerksam, wovon das meiste kurios, und daher wohl merkwürdig schien, weniges aber dem Geschmacksurteil erfreulich zusagte, wie vorher an dem Monumente zu Ygel gerühmt werden konnte.

Die Reste des römischen Amphitheaters fand ich respektabel; da aber das Gebäude über sich selbst zusammengestürzt und wahrscheinlich mehrere Jahrhunderte als Steinbruch behandelt war, ließ sich nichts entziffern. Bewundernswert jedoch war noch immer, wie die Alten, ihrer Weisheit gemäß, große Zwecke mit mäßigen Mitteln hervorzubringen suchten, und die Naturgelegenheit eines Tals zwischen zwei Hügeln zu nutzen gewußt, wo die Gestalt des Bodens an Exkavation und Substruktion dem Baumeister vieles glücklich ersparte. Wenn man nun von den ersten Höhen des Martisberges, wo diese Ruine gelegen, etwas weiter aufsteigt, so sieht man über alle Reliquien der Heiligen, über Dome, Dächer und Schirme nach dem Apolloberg hinüber, und so behaupten beide Götter, den Merkur zur Seite, ihres Namens Gedächtnis; die Bilder waren zu beseitigen, der Genius nicht.

Zur Betrachtung der Baukunst früherer Mittelzeit bietet Trier merkwürdige Monumente: ich habe von solchen Dingen wenige Kenntnis, und sie sprechen nicht zum gebildeten Sinn. Mich wollte der Anblick bei einiger Teilnahme verwirren; manches davon ist verschüttet, zerstückt, zu anderm Gebrauche gewidmet.

Über die große Brücke, auch noch im Altertum gegründet, führte man mich im heitersten Momente; hier nun sieht man deutlich, wie die Stadt auf einer, mit ausspringendem Winkel nach dem Fluß zudrängenden Fläche, welche denselben gegen das linke Ufer hinweist, erbaut ist. Nun überschaut man vom Fuße des Apolloberges Fluß, Brücke, Mühlen, Stadt und Gegend, da sich denn die noch nicht ganz entlaubten Weinberge sowohl zu unsern Füßen als auf den ersten Höhen des Martisberges gegenüber gar freundlich ausnahmen, anschaulich machten, in welcher gesegneten Gegend man sich befinde, und ein Gefühl von Wohlfahrt und Behagen erweckten, welches über den Weinländern in der Luft zu schweben scheint. Die besten Sorten Moselwein, die uns nun zu Teil wurden, schienen nach diesem Überblick einen angenehmern Geschmack zu haben.

Trier den 29. Oktober.

Unser fürstlicher Heerführer kam an und nahm Quartier im Kloster St. Maximin. Diese reichen und sonst überglücklichen Menschen hatten denn freilich schon eine gute Zeit her große Unruhe erduldet; die Brüder des Königs waren dort einquartiert gewesen und nachher war es nicht wieder leer geworden. Eine solche Anstalt, aus Ruh und Frieden entsprungen, auf Ruh und Frieden berechnet, nahm sich freilich unter diesen Umständen wunderlich aus, da, man mochte noch so schonend verfahren, ein gewaltiger Gegensatz des Ritter- und Mönchtums sich hervortat. Der Herzog wußte jedoch hier wie überall, selbst als ungebetener Gast, durch Freigebigkeit und freundliches Betragen, sich und die Seinigen angenehm zu machen.

Mich aber sollte auch hier der böse Kriegsdämon wieder verfolgen. Unser guter Obrist von Gotsch war gleichfalls im Kloster einquartiert; ich fand ihn zur Nacht seinen Sohn bewachend und besorgend, welcher an der unglücklichen Krankheit gleichfalls hart darnieder lag. Hier mußt' ich nun wieder die Litanei und Verwünschung unseres Feldzugs aus dem Munde eines alten Soldaten und Vaters vernehmen, der die sämtlichen Fehler mit Leidenschaft zu rügen berechtigt war, die er als Soldat einsah, und als Vater verfluchte. Auch die Isletten kamen wieder zur Sprache, und es mußte wirklich ein jeder, der sich diesen unseligen Punkt deutlich machte, durchaus verzweifeln.

Ich erfreute mich der Gelegenheit, die Abtei zu sehen, und fand ein weitläufiges, wahrhaft fürstliches Gebäude; die Zimmer von bedeutender Größe und Höhe, und die Fußboden getäfelt, Sammet und damastne Tapeten, Stukkatur, Verguldung und Schnitzwerk nicht gespart, und was man sonst in solchen Palästen zu sehen gewohnt ist, alles doppelt und dreifach in großen Spiegeln wiederholt.

Auch ward den einquartierten Personen ganz wohl dahier; die Pferde jedoch konnten nicht sämtlich untergebracht werden, sie mußten unter freiem Himmel aushalten ohne Lagerstätte, Raufen und Tröge. Unglücklicherweise waren die Futtersäcke gefault, und so mußte der Hafer von der Erde aufgeschnopert werden.

Wenn aber die Stallungen unbedeutend waren, so fand man die Keller desto geräumiger. Noch über die eigenen Weinberge genoß das Kloster die Einnahme von vielen Zehnten. Freilich mochte in den letzten Monaten gar manches Stückfaß geleert worden sein, es lagen deren viele auf dem Hofe.

Den 30. Oktober

gab unser Fürst große Tafel; drei der vornehmsten geistlichen Herren waren eingeladen, sie hatten köstliches Tischzeug, sehr schönes Porzellan-Service hergegeben; von Silber war wenig zu sehen, Schätze und Kostbarkeiten lagen in Ehrenbreitstein. Die Speisen von den fürstlichen Köchen schmackhaft zubereitet; Wein, der uns früher hatte nach Frankreich folgen sollen, von Luxemburg zurückkehrend ward hier genossen; was aber am meisten Lob und Preis verdiente war das kostbarste weiße Brot, das an den Gegensatz des Kommißbrotes bei Hans erinnerte.

Ich hatte mich, als ich nach Trierischer Geschichte in diesen Tagen forschte, notwendig auch um die Abtei St. Maximin bekümmern müssen: ich konnte daher mit meinem geistlichen Nachbar ein ganz auslangendes geschichtliches Gespräch führen. Das hohe Alter des Stifts ward vorausgesetzt; dann gedachte man seiner mannichfaltig wechselnden Schicksale, der nahen Lage des Stifts an der Stadt, beiden Teilen gleich gefährlich; wie es denn im Jahre 1674 niedergebrannt und völlig verwüstet wurde. Von dem Wiederaufbau und der allmählichen Herstellung in den gegenwärtigen Zustand ließ ich mich auch unterrichten. Dazu konnte man viel Gutes sagen und die Anstalt preisen, welches der geistliche Herr auch gern vernahm; von den letzten Zeiten aber wollte er nichts Rühmliches wissen: die französischen Prinzen waren da lange im Quartier gelegen, und man hatte von manchem Unfug, Übermut und Verschwendung zu hören.

Bei Abwechselung des Gesprächs daher ging ich wieder in's Geschichtliche zurück; als ich aber der frühern Zeit erwähnte, wo das Stift sich dem Erzbischof gleich gesetzt und der Abt Reichsstand des Römisch-Deutschen Reichs gewesen, wich er lächelnd aus, als wenn er eine solche Erinnerung in der neuesten Zeit für verfänglich halte.

Die Sorge des Herzogs für sein Regiment ward nun tätig und klar; denn als die Kranken zu Wagen fortzubringen unmöglich war, so ließ der Fürst ein Schiff mieten, um sie bequem nach Coblenz zu transportieren.

Nun aber kamen andere auf eine eigene Weise preßhafte Kriegsmänner an. Auf dem Rückzuge hatte man gar bald bemerkt, daß die Kanonen nicht fortzubringen seien; die Artillerie-Pferde kamen um, eines nach dem andern, wenig Vorspann war zu finden; die Pferde, auf dem Hinzug requiriert, beim Herzug geflüchtet, fehlten überall, man griff zu der letzten Maßregel: von jedem Regiment mußte eine starke Anzahl Reiter absitzen und zu Fuße wandern, damit das Geschütz gerettet werde. In ihren steifen Stiefeln, die zuletzt nicht mehr durchhalten wollten, litten diese braven Menschen bei dem schrecklichen Wege unendlich; aber auch ihnen erheiterte sich die Zeit, denn es ward Anstalt getroffen, daß auch sie zu Wasser nach Coblenz fahren konnten.

EMIGRANT IN TRIER

François René de Chateaubriand

1792

Eine seltsame Szene, die schon von anderen als mir erzählt worden ist, hätte mich beinahe zum Umkehren veranlaßt. Man wollte mich in Trier, wo die Armee der Prinzen angelangt war, nicht zulassen. Ich sei, so hieß es, einer von jenen Leuten, die den Ausgang abwarten, um sich zu entscheiden; ich hätte drei Jahre gebraucht, um mich zu stellen, und nun, da der Sieg gewiß sei, käme ich an. Man bedürfe meiner nicht, man habe ohnehin genug solcher tapferen Kämpfer. Tag für Tag desertierten Kavallerieschwadronen, selbst die Artillerie gehe in Massen zu uns über, und wenn das so andauere, wisse man nicht, was man mit diesen Leuten anfangen solle.

Ungeheure Illusion! Ich traf meinen Vetter Armand de Chateaubriand. Er nahm mich unter seinen Schutz, versammelte die Bretonen und vertrat meine Sache. Man ließ mich kommen, ich gab einen Bericht. Ich sagte, daß ich aus Amerika gekommen sei, um die Ehre zu haben, neben meinen Kameraden zu dienen. Der Feldzug sei zwar eröffnet, habe aber noch nicht begonnen, so daß ich zum ersten Gefecht noch rechtzeitig komme. Ich sei jedoch auch bereit, mich zurückzuziehen, wenn man es verlange, allerdings erst, nachdem ich eine gebührende Entschuldigung für diese unverdiente Beleidigung erhalten habe. Die Angelegenheit wurde geregelt. Da ich umgänglich war, öffneten sich die Reihen, um mich aufzunehmen.

Die Armee der Prinzen setzte sich zusammen aus Edelleuten, die nach Provinzen geordnet waren und als einfache Soldaten dienten. Der Adel besann sich, wie ein Greis, der zur Kindheit zurückkehrt, wieder auf seinen Ursprung und auf den Ursprung der Monarchie in eben dem Augenblick, in dem dieser Adel und diese Monarchie untergingen. Es gab überdies Brigaden von aus verschiedenen Regimentern emigrierten Offizieren, die ebenfalls wieder einfache Soldaten geworden waren. Der Adel meiner Provinz hatte sieben Kompanien geliefert; eine achte bestand aus jungen Leuten des Dritten Standes: die eisengraue Uniform dieser letzteren Kompanie unterschied sich von den königsblauen, hermelinbesetzten Uniformen der übrigen sieben Kompanien. Männer, die der gleichen Sache dienten und den gleichen Gefahren ausgesetzt waren, verewigten ihre gesellschaftlichen Ungleichheiten durch abscheuliche äußere Merkmale: die eigentlichen Helden waren die gemeinen Soldaten, denn in ihr Opfer mischte sich keinerlei persönliches Interesse.

Wir hatten Zelte, im übrigen aber mangelte es uns an allem. Unsere Gewehre deutscher Fabrikation, Ausschußware von grauenhaftem Gewicht, lasteten auf unseren Schultern und waren oft nicht einmal zum Schießen zu gebrauchen.

Wir blieben zwei Tage in Trier. Es bereitete mir ein großes Vergnügen, nachdem ich die namenlosen Ruinen des Ohio gesehen hatte, römische Ruinen zu betrachten und diese Stadt zu besuchen, die so oft geplündert worden war und von der Salvianus sagte: »Flüchtlinge von Trier, Ihr fragt nach dem Theater, Ihr verlangt von den Kaisern Spiele; ich frage Euch: für welchen Staat, für welches Volk, für welche Stadt?«

Flüchtlinge Frankreichs, wo war das Volk, für das wir die Denkmäler des heiligen Ludwig wieder errichten wollten?

Ich setzte mich mit meinem Gewehr zwischen die Ruinen: ich zog aus meinem Mantelsack das Manuskript meiner Amerikareise, ich breitete die einzelnen Seiten rings um mich auf dem Gras aus: zwischen den Trümmern eines römischen Amphitheaters überlas und korrigierte ich eine Beschreibung des Urwaldes, eine Passage aus *Atala* und bereitete mich dergestalt auf die Eroberung Frankreichs vor. Dann packte ich meinen Schatz wieder ein, dessen Gewicht zusammen mit dem Gewicht meiner Hemden, meines Mantels, meines blechernen Eßgeschirrs, meiner Feldflasche und meines kleinen Homerbandes so schwer war, daß ich Blut spucken mußte. Ich versuchte *Atala* mit meinen überflüssigen Patronen in meine Patronentasche zu stopfen. Meine Kameraden machten sich über mich lustig und rissen die zu beiden Seiten des Lederdeckels herabhängenden Seiten ab. Die Vorsehung kam mir zu Hilfe. Als wir eines Nachts in einem Holzschober geschlafen hatten, fand ich beim Erwachen meine Hemden nicht mehr in meinem Sack; meine Papiere hatte man mir gelassen. Ich dankte Gott. Dieser Unfall rettete mir das Leben, indem er mir meinen Ruhm sicherte, denn die sechzig Pfund, die auf meinen Schultern lasteten, hätten mich zum Brustkranken gemacht. »Wieviel Hemden besitze ich?« fragte Heinrich IV. seinen Kammerdiener. »Ein Dutzend, Sire, aber sie sind fast alle zerrissen.« Der Bearner gewann die Schlacht von Ivry ohne Hemden; ich habe seinen Kindern durch den Verlust meiner Hemden sein Königreich nicht zurückgeben können.

19. Jahrhundert

1801 – Trier französische Departementsstadt. Gründung der „Gesellschaft für nützliche Forschungen".

1802 – Säkularisation geistlicher Güter, Auflösung aller Klöster. Kirchengüter werden als „Vereinigte Hospitien" zusammengefaßt.

1804 – Besuch Napoleons in Trier.

1815 – Trier preußische Stadt. Verbot der Ansiedlung von Industrie. Geistesleben liegt danieder. Soziale Probleme und tiefe wirtschaftliche Krise.

1818 – Karl Marx geboren.

1822 – Trier Sitz eines Regierungspräsidenten im Verband der neuen „Rheinprovinz".

1848 – die 48er Bewegung wird in Trier begrüßt.

1860 bis 1879 – Bau von ersten Bahnlinien.

1870/71 – Deutsch-Französischer Krieg.

1877 – Gründung und Bau des Landesmuseums.

AUFENTHALT KAISER NAPOLEONS ZU TRIER

6. bis 9. Oktober 1804

Unterm 8. Fruktidor des 12. Jahres wurde der Herr Recking, Maire von Trier, durch ein Schreiben des Herrn Präfekts offiziell benachrichtigt, daß Ihre Majestät der Kaiser entschlossen sei, das Saar-Departement mit einem Besuche zu beehren.

Von diesem Tage an wurden sofort die nötigen Anstalten getroffen, um das Staatsoberhaupt mit aller Würde und Pracht zu empfangen. Der Herr Maire und der Munizipalrat von Trier setzten zu dem Ende ein Programm fest, welches vom Herrn Präfekt gutgeheißen wurde.

Für den 14. Vendemiaire war die Ankunft Ihrer Majestät des Kaisers zu Trier angekündigt. Von der Brücke an bis an den Palast des Kaisers waren die Straßen mit Sand beschüttet und alle Häuser mit Mayen und Blumenkränzen ausgeziert; achtzehn kleine Kanonen waren auf dem Bollwerk bei der Brücke postiert; die Schiffleute im Krahnen hatten ihre große Schiffe vom Krahnentor an bis an die andere Seite der Mosel in gerader Linie aneinandergestellt, so daß dieselben eine ordentliche Brücke formierten; auf allen Schiffen wehten große und kleine Flaggen, und sie waren mit mehrern kleinen Kanonen versehen; große Schiffe, mit Laubwerk und Flaggen verziert, standen bei Barbeln und Zurlauben und waren ebenfalls mit Böllern bewaffnet. Eine neu erbaute Fregatte hatte mitten in der Mosel zwischen der steinernen Brücke und der oben beschriebenen Schiffbrücke Posto gefaßt; dieselbe war mit ihren gewöhnlichen Masten und Seilwerk versehen, große Flaggen von weißem Atlas, auf welchem der kaiserliche Adler angebracht war, wehten auf ihren Gipfeln; sie war mit 24 kleinen Kanonen besetzt und mit 12 Matrosen bemannet, welche alle Westen von blauer Nationalfarbe, weiße lange Hosen, runde Hüte mit einem großen Federbusche trugen.

Den 14. um zwei Uhren des Nachmittags schlugen die Stadt-Tambours Rappel. Die ganze Bürgerschaft und die Bewohner der Vorstädte versammelten sich vor dem Rathause. Der Herr Maire fuhr sofort, begleitet von den beiden Herrn Adjunkten, dem Mairie-Sekretär und dem Polizei-Commissär, und den Herrn Munizipal-Räten, in acht Wagen vom Rathause aus bis 500 Schritte vor das Brückertor, nämlich, wo der neue Weg mit der Landstraße von Pallien sich verbindet. Die Herrn Munizipal-Räte hatten alle schwarze Kleidung und Degen an der Seite; die Abteilung der Ehrenwache ging vor dem Zuge, und die Bürgerschaft, in 15 Abteilungen geteilt, jede Abteilung mit ihrer Fahne versehen, folgte dem Zuge. Die Bürgerschaft machte Halt am ersten Tore der Brücke und verteilte sich in zwei Reihen an beiden Seiten der Schanze und der Brückergasse, durch welche der Kaiser durchpassieren sollte. Die ganze Besatzung der Stadt sowohl Infanterie als Reiterei, hatte in einiger Entfernung vor dem Brückertore sich in Schlachtordnung aufgestellt.

Gegen 4 Uhr kündigte der Donner des Geschützes von Ehrang, Pfalzel und Biewer die Ankunft Ihro kaiserlichen Majestät an. In wenigen Minuten sah man wirklich von weitem her auf der Landstraße den Zug sich herannähern, und in der Entfernung schon wurde der Kaiser durch Kanonenschüsse von Zurmayen und Zurlauben, nachher von den auf der Mosel in Reihe und Ordnung gestellten Schiffen, sodann durch eine Salve von der Fregatte und endlich von Barbeln her begrüßet.

Alles bereitet sich nunmehr zu dessen Empfange. Die Ehrenwache tritt unters Gewehr, der Herr Maire mit seinen Adjunkten und Munizipal-Räten stellt sich der Ehrenwache richtüber an der angezeigten Ecke des Neuenwegs und der

Landstraße, die Herrn Adjunkten halten auf vergoldeten Präsentiertellern die Stadtschlüssel und den Ehrenwein in Bereitschaft.

Der Kaiser in einem großen Gefolge von Ministern, Generäls, des Herrn Präfekts und mehrerer anderen Personen von Rang sowie der Forstbeamten und unter einer starken Bedeckung von Nationalgendarmerie und Jäger zu Pferde kommt endlich an. Er hielt stille an dem Ort, wo der Maire und Munizipal-Rat sich befanden.

Das Volk, welches von allen Seiten herzuströmte, empfing Ihn mit lautem Jubel und mit einem enthusiastischen Vivatrufen.

Der Herr Maire trat sofort vor den Wagen Ihrer Majestät, hielt an Dieselbe eine kurze Anrede und präsentierte die Stadtschlüssel sowie auch den Ehrenwein. Ihro Majestät, nachdem Sie voraus gefragt hatten, ob der Ehrenwein Landeswein sei, nahmen ihn mit vieler Güte an, kosteten davon und gaben ihn nachher dem Herrn Maire zurück mit den Worten: »Ja, Herr Maire, sie haben einen recht guten Wein.«

Das Volk, welches um den Zug herumstand, aufgemuntert durch die gute Aufnahme, womit Ihro Majestät den Maire, den Munizipal-Rat und das trierische Volk beehrte, gab, währenddem der Kaiser den Ehrenwein kostete, seine Fröhlichkeit durch beständiges Vivatrufen und Freudengeschrei zu erkennen. »Es lebe unser Kaiser, es lebe der Kaiser Napoleon!« erscholl es von allen Seiten, und Ihre Majestät schien mit diesem Frohlocken des Volkes sehr vernügt und zufrieden zu sein.

Der Maire und der Munizipal-Rat, nachdem sie dem Kaiser für Seine Huld noch einmal gedankt hatten, zogen sich in ihre Wagen zurück, um Ihn bis zum kaiserlichen Palaste zu begleiten.

Der Zug ging sofort langsam unter dem Triumphbogen durch zur Stadt hinein; allenthalben wurde Derselbe durch lauten Jubel und Vivat der Bürgerschaft empfangen und mit den Bürger-Fahnen salutiert. Ein dreimaliges Abfeuern des auf dem Bollwerke aufgestellten Geschützes verkündigte nunmehr den feierlichen Einzug des Kaisers in die Stadt, welches mit dem immerwährenden Donner des Geschützes von den Moselschiffen her und mit dem allgemeinen Geläute der Stadtglocken diesem Vorgang eine Majestät gab, die dem erhabenen Gegenstande des Festes ganz angemessen war.

Der Kaiser begrüßte von seinem Wagen aus mit vieler Herablassung und Zufriedenheit die frohlockende Bürgerschaft und hatte eine erwünschte Gelegenheit, von der Anhänglichkeit derselben an Seine hohe Person sich zu überzeugen.

Der Herr Maire und die Herrn Munizipal-Räte unter Begleitung der Ehrenwache hatten sich ebenfalls dem Zuge des Kaisers angeschlossen und folgten ihm langsam nach; die fünfzehn Abteilungen der Bürgerschaft, jede mit ihrer Fahne an der Spitze, schlossen den Zug und begleiteten Ihn bis vor den kaiserlichen Palast.

Eine unzählige Menge Volkes hatte sich daselbst versammelt und ebenfalls den Kaiser mit lautem Beifall und Vivatrufen aufgenommen. Der Herr Bischof mit seinem Clerus und dem Traghimmel stand vor der Domkirche in Bereitschaft.

Der Kaiser und sein Gefolg stiegen am Palaste aus, und Ihre Majestät begaben sich sodann in den großen Audienz-Saal, wo Dieselbe vom Balkon her sich sogleich dem Volke präsentierten und durch ein allgemeines und oft wiederholtes Vivatrufen und Freudengeschrei begrüßt wurden.

Des Abends war die ganze Stadt und alle öffentlichen Gebäulichkeiten prächtig erleuchtet und mit verschiedenen auf das hohe Fest anspielenden Inschriften und Transparenten verziert. Unter den öffentlichen Beleuchtungen zeichneten sich besonders aus: jene der Domkirche, welche in ihrer ganzen äußeren

Seite und bis oben hin mit vielen tausend Lampen eine prächtige Ansicht darbot; jene des Obelisks, jene des Lagers unter den Bäumen vor dem Palaste, jene der Simeonskirche, welche von der hell erleuchteten Simeonsstraße den Hintergrund schloß, jene der öffentlichen Brunnen auf dem Markt und auf dem Vereinigungsplatze. Mehr als 50tausend Lampen waren für den ersten Tag allein für die Beleuchtung der öffentlichen Gebäude verwendet worden.

Eine ungeheure Menge Volks drängte sich des Abends durch die Straßen, um dieses prächtige Schauspiel zu genießen, und niemand erinnerte sich, je eine so prächtige Beleuchtung in Trier gesehen zu haben; zudem war der Abend überaus angenehm, und trug sehr vieles dazu bei, denselben den Fremden sowie den Trierern vergnügt und unvergeßlich zu machen. Auch wetteiferten die Einwohner, ihre Anhänglichkeit an Ihre kaiserliche Majestät und ihre Freude über den Besitz Derselben innerhalb ihrer Mauern durch ausgesuchte und kostspielige Beleuchtung ihrer Häuser und gut gewählte Inschriften und Transparente öffentlich an den Tag zu legen.

Den 15. Vendemiaire arbeitete der Kaiser mit seinen Ministern bis zur Mittagsstunde, wo alsdann die in der Stadt wohnenden öffentlichen Beamten ihm vorgestellt wurden.

Des Abends war wieder die ganze Stadt erleuchtet.

Den 16. Vendemiaire gegen 4 Uhren des Nachmittags stieg der Kaiser zu Pferd und beritt die um die Stadt liegende Gegend. Er besahe die beim Alttor befindlichen römischen Denkmäler, nämlich die porta alba oder das weiße Tor der Römer samt deren daran gelegenen Resten des alten öffentlichen Stadt-Theaters, die Überbleibsel unseres großen römischen Amphitheaters, den Platz des römischen Zirkus, nahm die auf dem Franzensknüppchen oder dem Marsberg angebrachten merkwürdigen Verschanzungen in Augenschein, beehrte die ihn begleitenden Herrn von der Ehrenwache mit mehreren Fragen, ritt sofort über Kürenz auf das alte Marsfeld, begab sich in die berühmte Kirche von St. Paulin, bewunderte derselben Eleganz und fragte den Herrn Pastor Schmitt, welcher ihn im Kirchenornat unter dem Geläute der Glocken empfangen hatte, ob diese schöne Kirche nicht durch den Krieg gelitten hätte, worauf der Hr. Pastor erwiderte, die Kirche habe zwar an ihrem Bau keinen Schaden erlitten, hingegen sei die Kirchenfabrik in so schlechten Umständen, daß derselben Ertrag ohnmöglich hinreiche, um dieses Pracht-Gebäude zu unterhalten. In dem nämlichen Augenblick überreichte der Herr Pastor zu eigenen hohen Händen Ihrer Majestät eine Bittschrift, worin diese Kirche dem hohen Schutz des Kaisers besonders anempfohlen wird. Von da ritt der Kaiser zum Simeonstore hinein, besahe das alte Comitium (gallisches und nachher römisches Rathaus, die bekannte Simeonskirche), über deren Conservation und Herstellung in den alten Stand, wie dieses Gebäude unter den Galliern sich befand, der Munizipal-Rat eine besondere Denkschrift eingereicht hatte, und begab sich endlich zurück in den kaiserlichen Palast.

Überall, durch alle Straßen in der Stadt, wo der Kaiser durchritt, drängte sich eine ungeheure Menschen-Masse hinzu, um den großen Mann, den Gebieter Europens, zu sehen; ein fröhliches Vivatrufen und »Es lebe der Kaiser!« ertönte durch die ganze Stadt hindurch.

Am Abend wurde wieder die Stadt erleuchtet und ein brillanter Freiball wurde zu Ehren des Kaisers im Promotions-Saale gegeben, zu welchem alle fremden und einheimischen Beamten sowie die Notabelen der Stadt eingeladen wurden. 1500 Lampen erleuchteten den Vorhof des Promotions-Saals.

Der Südflügel des Kurfürstlichen Palais.
Kurfürst Johann Philipp von Walderdorff ließ den Palast
durch den Lieblingsschüler Balthasar Neumanns,
Johannes Seiz, 1756 bis 1761 errichten

Während diesen Tagen wurde die prächtige Anlage des geistlichen Herrn Nell, bekannt unter dem Namen »Nells Ländchen«, von dem Herrn Staatssekretär und den anderen Herrn Ministern und Generäls in Augenschein genommen und allgemein bewundert, wo dann der geistliche Herr Nell diese Gelegenheit nicht unbenutzt ließ, diesen hohen Fremden das Wohl der Stadt Trier bestens anzuempfehlen.

Den 17. Vendemiaire des Morgens um halb 7 Uhren begab sich der Kaiser auf die Reise nach Luxemburg. Man vermutete nicht, daß die Abreise so frühe statthaben würde; dem ohnerachtet waren auf den ersten Wink, daß der Kaiser abreisen würde, alle Straßen, wo er durchfahren sollte, mit Menschen angefüllt, die Ihm ihre Segenswünsche nachschickten. Das allgemeine Geläute der Glocken verkündigte die Abreise Ihrer Majestät.

Der Maire mit der Munizipalität unter Begleitung einer Abteilung der Ehrenwache befanden sich auf ihrem Posten, um von Ihrer Majestät Abschied zu nehmen, wo dann Herr Recking als Maire nochmalen die Stadt der kaiserlichen Huld und Gnade bestens empfahl.

Bei seiner Abreise über die Brücke wurde der Kaiser mit drei Salven von den auf dem Bollwerk bei der Brücke aufgepflanzten 18 Stücken begrüßt.

Dieses ist die kurze Beschreibung der für Trier so merkwürdigen Begebenheit, wo der Kaiser diese Stadt mit seinem Besuche beehrte.

ZUR POLITISCHEN NEUGESTALTUNG

Damian Cardon

1815

Wien 26. Jänner 1815

Über das diesseitige Moselufer habe ich Ihnen bereits oben schon etwas gesagt. Man glaubt nun auch noch, es möge wohl ein Deutschmeistertum daraus werden oder eine Zugabe für Bayern, wo es nichts oder doch gewiß nichts Bedeutendes gibt.

Für das jenseitige Moselufer denkt man nun kaum anders, als daß es preußisch werde. Die Verordnung wegen der Jurisdiktion ist erschienen, sie teilt schon das Land in neue Departemente, vier an der Zahl. Der Appellhof ist für Luxemburg, Pfalzel etc. zu Lüttich, das Revisorium zu Koblenz einstweilen beibehalten. Alles bedeutet in starken Zügen das Definitivum. Doch sagen die bösen Leute, es daure nicht lange. Sachsen würde da entschädiget, und wenn es auch eine Zeitlang daure, so sei es nur eine französische Ewigkeit. Das Ausleerungs-System und die Freude der Gouverneure, recht viele Kästchen Landes-Schweiß mit Flüchen ausstaffiert abzusenden und sich ein klingendes Verdienst zu machen, können nicht lange währen. Auch seie in den Niederlanden alles unzufrieden, und der Druck zur Bezähmung erzeuge den ärgsten Groll. Die Gewohnheit habe sonst etwas getan, aber jetzt habe sie ihre Wirkung verloren. Das Pferd, das man tummelen wolle, kenne zu viel seine Kräfte.

Das Exerzieren geht noch jenseits fort. Wir haben zu P[falzel] zehn Leute, hier vier. Wann wird doch dieser Druck aufhören, der in den Ortschaften schon die Folge hat, daß Futter-Kräuter und Gemüs gestohlen wird. Das sind vortreffliche Anstalten.

Für Trier besorge ich, daß es auf jeden Fall ein erbarmungswürdiger Ort werde, und wann man die Zerstückelungen und Herrscher gibt, so hätte man uns in der Ruhe lassen sollen, sagte ein für die Veränderung sehr eingenommener Mann, und man wird ausgelacht und ausgepfiffen, wenn man das Glück von Deutschland als Zweck betrachtet und nicht als [Mittel] ansieht, wodurch man zu seinem Zweck komme. Da werden dann die Prediger ebenso ausgezischt als wie weiland die Freiheitsprediger verlacht wurden.

Talleyrand soll nochmal ansetzen wegen des linken Rheinufers. Der Comte d'Artois, jetzt Monsieur, wird einer Übereilung beschuldiget. Das Geschwätz wird aber nicht geachtet, solange Pr[eußen] und Öst[erreich] Freunde sind. Werden sie, wie es nicht lange nach dem Kongreß dauern wird, uneinig, so bekommen wir doch durch unsern Beitritt etc., so raisonieren die gescheute Franzosen, und die nicht dumm sich haltende Deutsche finden etwas Wahres darin. Denn sie glauben den Pinsel[n] nicht, die da wähnen, Frankreich würde nach einer langen Pause nochmal eine Schlacht bei Rosbach liefern.

Mit Sachsen wird wohl verdorben werden. So zerreißt sich Öst[erreich] alle Fäden und sieht am Ende wie eine gepläckelte Macht aus. O die –!

Leben Sie wohl. Wie Sie hören, daß wir p[reußisch] oder sonst übel stehen sollen, so sorgen Sie für ein angemessenes Justizplätzchen in Linz, im Breisgau oder sonst. Mit Tränen gehen wir in diesen Zufluchtsort, und jeder, der es kann, geht mit. Heißt das teutsches Glück stiften? Ihr

totus supra totum

DEUTSCHES ITALIEN

Karl Friedrich Schinkel
1826

Wir hatten einen herrlichen Morgen für unseren Spaziergang. Zuerst wurde die Porta Nigra von innen und außen besichtigt und bis oben hinaufgestiegen. Von Porta Nigra ging's in den Dom und von da in die schöne Marienkirche, die ich ihres originellen Planes wegen wieder bewundern mußte [...]

Von da gingen wir zum kaiserlichen Palast; auf dem Dachboden sieht man noch einen großen Bogen von cirka siebzig bis vierundsiebzig Fuß Spannung aus enorm großen, flachen Backsteinen konstruiert, vier Scheiben übereinander gewölbt, zwischen jeder Scheibe aus flach gelegten Ziegeln eine Sonderung [...]

Nun wurden die Bäder gesehen, die großenteils ausgegraben sind; nach den Grundmauern, die man verfolgt hat, sind dies ebenso große Anlagen wie die zu Rom gewesen [...]

Das Amphitheater, zu welchem wir jetzt gingen, ist gleichfalls sehr aufgegraben worden. Die Arena hat nur zehn Fuß weniger Länge als das Coliseo [Kolosseum in Rom]; nach den erhaltenen Spuren der äußeren Umfassungswand aber muß das Ganze einen größeren Umfang gehabt haben.

MAN MÜSSTE EIN BUCH SCHREIBEN

Ernst von Schiller
1828

Cöln, 11. 1. 1828

Die Stadt Trier bietet Spuren eines hohen Altertums. Sie heißt in der alten Geschichte Treviris oder Augusta Trevirorum. Die Porta Nigra, das Amphitheater und die Bäder liefern den Beweis eines langen Aufenthaltes der Römer. Nach Tacitus hatte das Volk der Trierer schon vor Cäsar eine geordnete Verfassung. Die Kirchengeschichte erzählt, daß der Apostel Petrus einen geistlichen Oberhirten nach Trier gesandt hat. Viele Geschichtsschreiber setzen das Alter der Stadt weit höher hinauf als Rom, was jedoch nicht zu beweisen ist.

Es ist eine heitere, breit gebaute und schöne Stadt, mit 13 000 Einwohnern, aber nach ihrem Umfange so groß, daß 60 000 Menschen darin wohnen könnten. Die Mosel durchströmt das herrliche Tal, alte Burgen und Mauerwerke ragen von den Bergen.

Trier, 12. 4. 1828

Trier gehört zu den allerschönsten Gegenden, die ich jemals sah. Stadt und Gegend haben das Gepräge einer Gemütlichkeit, wie ich sie fast noch nirgends gefunden habe.

Nun einiges über die hiesige Societät. Die Damen putzen sich ziemlich, manche in mir fremdem Geschmack. In kleinen Zirkeln und Promenadenpartien arbeiten sie, d. h. sie stricken. Freitags von fünf bis sechs Uhr abends gehen sie in die Wyttenbach'schen Geschichtsvorlesungen. Mittwochs geht man im Sommer von fünf bis acht Uhr in Gilberts Garten, wo man Kaffee und Wein trinkt, Musik hört, raucht und strickt. An anderen schönen Wochentagen gehen dann und wann Familien, oder auch die Damen allein, welche die Gegend lieben, nach Wettendorfs Häuschen und genießen Kaffee oder Schokolade. Alle vierzehn Tage ist eine Casino-Abendunterhaltung mit Damen, wo hauptsächlich getanzt wird. Am meisten aber besucht man sich en famille, wenigstens einmal die Woche.

Trier, 20. 4. 1828

Der Bischof von Hommer ist ein sehr interessanter Mann; man findet bei ihm den feinen und doch gemütlichen Ton, wie er im Kreise Dalbergs gewesen sein mag. Seine Predigten sprechen eine kirchliche Moral aus, wie sie in guten protestantischen Predigten gefunden wird; demungeachtet hängen die hiesigen Katholiken an ihm, und es ist nicht zu leugnen, daß der Ton in der Religion hiesiger Bewohner von dem Eifern gegen den Protestantismus sehr entfernt ist. Das hat zur Folge, daß die Protestanten den Bischof verehren. So ist es gelungen, in einer Stadt, die sonst die Wiege echter oder vielmehr fanatischer Katholizität war, einen Geist der Toleranz zu finden. So frei man in Köln war, so ist man es dort doch weniger als hier. Hier erscheint die Freiheit als liebreiche gegenseitige Duldung, wohingegen in Köln die Toleranz aus Verflachung der Religionsansichten hergeleitet werden könnte.

Meinen Beruf liebe ich, und ich finde hier in Trier viel Nahrung, diesen Beruf noch lieber zu gewinnen, da unter meinen Collegen äußerst tätige, sehr unterrichtete, ja geistvolle Juristen sind. So preise ich mich glücklich, an diesem wunderbaren und trefflichen Ort nach so mancherlei Wogen geraten zu sein.

Trier, 1. 6. 1828

In einer ziemlichen Länge, durch viele Gärten unterbrochen, zieht sich die Stadt an dem rechten Ufer der Mosel hin, über welche eine steinerne Brücke von acht Bogen führt. Am nördlichen Ende wird die Stadt durch die Porta Nigra geschlossen, ein gigantisches Gebäude, über dessen Gründer und Zweck sich Altertumsforscher in Zweifel verlieren, in halbrunden Formen, ohne allen Kitt, bloß auf seiner eigenen Schwere ruhend. Es hat zwei große Toröffnungen, durch welche man in Trier eintritt. Innerhalb der Stadt, auf der östlichen Seite steht auf einem ungeheuren Platz der (ehemalige kurfürstliche) Palast. In der südöstlichen Ecke der Stadt liegen die noch sehr großen Ruinen der römischen Bäder und des Amphitheaters, woraus man sich den deutlichsten Begriff solcher Bauten des Altertums machen kann. Im Süden und Norden der Stadt die stattlichen Gebäude ehemaliger reicher reichsunmittelbarer Abteien, St. Matthias, St. Maximin und St. Paulin, die noch von der Pracht des Klerus zeugen und teilweise (wie auch der Palast) unserem Friedrich Wilhelm zu Kasernen für Ulanen und Artillerie dienen.

Dicht bei der Stadt, nach Osten, erhebt sich ein mit Reben bepflanzter Berg; oben ein schönes Landhaus, unten ein Wiesengrund, zur Seite und in den Berg eingebaut das Amphitheater, hinter und über diesem Berge waldgekrönte Höhen von Bedeutung. Von da aus übersieht man den Einfluß der Saar in die Mosel, und diese in einer Strecke von 3½ Stunden.

Auf dem linken Moselufer erheben sich gleich hinter der Brücke schroffe Felsen von roter Farbe; zwischen ihnen Mandelbäume und große Kastanien. Auf diesen Felsen sieht man eine Wallfahrtskapelle und auf dem höchsten Punkte derselben ein einsames Kreuz, von wo man in die jähe Tiefe hinabblickt. Hinter diesen Felsen ragen hohe Berge hervor, mit schönem Hochwald von Kastanien, Eichen und Buchen, in geringer Entfernung von den Ardennen, die hochgelagert das schöne Tal im Süden begrenzen. Zwischen den Felsen mündet ein Waldbach in die Mosel, der in einer Entfernung von ¼ Stunden von seinem Ausfluß sich in einer Höhe von 70 Fuß in eine Felsenschlucht stürzt, wo nie die Sonne hineinscheint. Hier ist es herrlich, eine stete Kühlung und kein Geräusch als der Sturz des Waldbachs. Auf den Bergen und Felsen sieht man in die Stadt hinab, wie auf eine Karte. Es ist ein überaus schönes Tal.

Alle diese Schönheiten sind so nahe, daß man in einigen Stunden sie erreichen und zurückkehren kann. Die Mosel ist hier breit und bildet zwei kleine Inseln, auf welchen sich fast alle Nachtigallen der Umgegend aufhalten. Man müßte ein Buch schreiben, wenn man alle schönen Punkte beschreiben wollte, welche Trier im Umkreis von zwei Stunden darbietet. Einen solchen Reichtum an landschaftlichen Partien sah ich nie auf einem so kleinen Raum.

Die Auffindung von Altertümern dauert immer fort. Noch vor wenigen Wochen fand man ein römisches Zimmer, mit Mosaik getäfelt, hier in der Stadt. Münzen, Waffen und Hausgeräte sind häufig.

Trier, 6. 9. 1828

An der Gegend läßt sich gar nichts aussetzen, vielmehr muß ich gestehen, daß ich nicht leicht eine schönere und an Naturmerkwürdigkeiten und Abwechslungen reichere gesehen habe.

Übrigens wachsen hier Nußbäume und Kastanien, sowie Mandelbäume, in Überfluß. Überhaupt trifft man in den hiesigen Tälern eine wahrhaft üppige Natur an; wogegen die bedeutenden Höhen der Eifel und des Hochwaldes oft sehr unfruchtbare Strecken darbieten.

Die Grenzen sind nahe. Nach und von Metz wird viel gereist; sonst ist hier kein sonderlicher Zusammenfluß von Reisenden. Doch sind in diesem Sommer die Engländer auch hierhergedrungen.

Trier, Januar 1835

Von Trier wegzugehen, wird mir sehr leid tun; es wird einen schweren Abschied geben.

TRIER UND DIE TRIERER

»Philanthrop«

1840

Die meisten Städte der Rheinprovinz können sich mit Trier hinsichtlich der Naturschönheiten nicht messen und wir machen sogar dem an großartiger Szenerie so berühmten Coblenz den Rang streitig. Auf welcher Seite man immer aus den Toren Triers hinaustritt, entfaltet sich ein Bild, welches, ungeachtet der langen Gewohnheit, das Gemüt stets anregt, den durch Arbeiten und Sorgen getrübten Geist aufheitert und fröhliche Gedanken zu erregen geeignet ist. Wer von den mäßigen Gebirgsketten, welche östlich und westlich das Moseltal umgeben, oder von den Anhöhen von Ruwer und Feyen das trierische Tal überschaut, seine Blicke auf die Stadt richtet und dessen hervorragende Monumente, die imposante Masse der Dom- und Liebfrauenkirche, den konstantinischen Palast, die Bäder, die *porta nigra*, nebst den vielen Kirchen und Türmen ins Auge faßt; sodann auf die herrliche Brücke und die ruhig und sanft strömende *Mosella* abschweift, demnächst sich gegen die zwischen Reben und Gebüschen so malerisch an die Hügel sich anschmiegenden Landhäuser und Hütten hinneigt; wer dabei die tatenreiche Geschichte Triers sich ins Gedächtnis zurückruft und die Paläste der römischen Cäsaren und Imperatoren, das Amphitheater, die ungeheure Menge der öffentlichen und Privat-Gebäude sich in der Phantasie vergegenwärtigt: Dem wird die Brust sich heben und unwillkürlich wird er eine Behaglichkeit, ja einen Stolz empfinden, einer an Begebenheiten so reichen Stadt anzugehören, die freilich den Wechsel der Zeiten durch häufige Verwüstungen der Barbaren erlitten hat, deren Natur aber ewig jung, heiter und lieblich geblieben ist. Haben sodann die Sinne des Wanderers den Genuß dieser reichhaltigen Vogel-Perspektive von den Anhöhen genugsam eingeschlürft, und bedarf demnächst sein Gemüt der Ruhe, um sich zu sammeln, so bietet ihm die nächste Umgebung Triers von allen Seiten die herrlichsten und verschiedenartigsten Spatziergänge dar. Will er das Summen der Menschen und deren Geschäftigkeit, so wie die Stadt und deren Gebäude nicht aus den Augen verlieren, so wird ihm auf den beiden Mosel-Ufern unter den vielen reizenden Wegen die Wahl schwierig. Zieht er hingegen die Einsamkeit vor, so schlage er den Weg zur Olewig, nach Heiligkreuz, nach dem Matheiser-Walde, aufwärts gegen die Saar, in der Richtung nach Sirzenich, oder in die Avelsbach ein und überall werden ihn überraschende Landschaften umfassen, so daß er von dem Gewühle einer größern Stadt auf Meilen getrennt zu sein vermeint. Dort mag er seine Gedanken über Trier ungestört fortsetzen und sich mit der Ausbreitung des Christentums in den ersten Jahrhunderten, dem Martyr-Tode so vieler Bekenner, der Begründung einer geistlichen Herrschaft, der Entstehung so vieler Klöster und Abteien, dem langen und hartnäckigen Kampfe der um ihre Reichsfreiheit mit dem Churfürsten, wiewohl vergebens, ringenden trierischen Bürger, den Stürmen der Reformation, den Raubzügen der Franzosen unter den beiden Ludwig XIV. und XV., endlich den Schicksalen der französischen Revolution und der Herrschaft eines großen, aber durch Despotismus und Tyrannei die Menschheit nicht beglückenden Mannes befassen, bis er endlich zu den Zeiten der Gegenwart angelangt ist und diese auf dem Heimwege rekapituliert und mit der Vergangenheit vergleicht.

Man sollte wohl glauben, daß die Bewohner Triers nimmer satt würden, an dem Busen dieser großartigen, sich stets verjüngenden Natur zu saugen: allein dem ist nicht so; denn nur in der nächsten Umgebung ihrer Stadt, als Wettendorfshäuschen, Pallien, Olewig, der sich um die Stadt hinziehenden Allee, oder höchstens auf dem Weg nach Ruwer trifft man die Eingebornen an, während dieselben die übrigen Spaziergänge den eingewanderten Familien beinahe ausschließlich überlassen. Daher läßt es sich erklären, daß man in den von Trier nur etwas entfernten Ortschaften oder Ruhepunkten kein komfortables Lokal antrifft, um den müden und der Erquickung bedürftigen Körper zu laben.

Hat der Fremde sich zum Erstenmale dem Weichbilde Triers genahet und überschaut er von der Anhöhe das so üppig und malerisch gruppierte Tal, so glaubt er eine Stadt von ungewöhnlicher Größe vor sich ausgebreitet zu sehen, indem eine optische Täuschung ihn die vielen Vorstädte als mit der eigentlichen Stadt ein Ganzes bildend erkennen läßt, und er die großen öden Plätze und Gärten innerhalb der Ringmauern, welche wohl den mit Häusern bedeckten Raum an Flächeninhalt übertreffen dürften, nur zum kleinen Teil umfassen kann. Begünstigt ihn alsdann der Zufall, daß er durch die *porta nigra* in die Stadt einfährt, so werden seine Erwartungen noch viel höher gesteigert, indem ihn eine schöne breite Straße empfängt und er links und rechts ansehnliche Gebäude wahrnimmt. Freilich fängt er demnächst an stutzig zu werden, wenn ihm auf beiden Seiten eine Reihe alter einstöckiger, aus Holz gezimmerter, mit verdeckten Gängen versehener Häuser begegnet; allein seine trübe Wolke verschwindet wieder, sobald sich der schöne Marktplatz mit der St. Gangolfkirche im Vordergrund vor ihm ausbreitet und er den Blick links auf den im Hintergrunde majestätisch hervorschauenden Dom neben der anstoßenden Liebfrauenkirche richtet. So verfolgt er, ohne Schwächung des Eindrucks, den Weg bis zu einem der Gasthäuser, die ihn freundlich empfangen und für seine Bedürfnisse und Wünsche auf genügende Weise sorgen …

Es gab eine Zeit, worin Trier als ein allzu großer Verehrer des Bacchus verschrien war; allein man würde der Stadt Unrecht tun, wenn man ihr diese Schwäche noch vorwerfen wollte; denn im Allgemeinen gibt sich in den mittlern und höhern Klassen eine Hinneigung zur Mäßigkeit zu erkennen, und Du wirst selten unter denselben auf Personen stoßen, die durch einen berauschten Zustand den Sinn für Schicklichkeit und Zucht verletzen. Der hiesige solide Bürger verschmäht es nicht, Abends sein Glas Wein oder Bier, das ihm von Rechtswegen zukömmt, zu trinken; allein er übernimmt sich nicht und kehrt zeitig zu seiner Familie zurück.

Die Ehen sind durchgängig friedlich und die Männer rechnen es sich zur Pflicht, ihren Frauen und Töchtern auf Kirchweihen, Festtagen und Bällen eine Freude zu bereiten. Doch wirst Du überall den Anstand nicht vermissen, wenn auch sich laute

Fröhlichkeit kund giebt. Das weibliche Geschlecht ist häuslich, eingezogen und religiös gesinnt. Junge Beamten und Offiziere lieben es, in dieser Klasse sich ihre Ehehälften auszusuchen und in der Regel haben sie alle Ursache, mit ihren Wahlen zufrieden zu sein; denn außerdem daß sie in den Stadtschulen eine Bildung erhalten haben, sind auch die Mütter darauf bedacht, die Töchter noch auf ein Jahr in einem Pensionate des benachbarten Frankreich unterzubringen, so daß sie die Unterhaltung gut zu führen wissen. Indessen wäre ich versucht, einigen den Rat zu erteilen, in dem Gebrauche des Hochdeutschen minder schüchtern zu sein und die provinzielle Mundart weniger oft anzuwenden, indem dieselbe hinter der heutigen Bildung der besseren Stände zurückbleibt, und sich höchstens nur noch für das untere Volk eignet…

Die Elementarschulen sind in Trier, wie im ganzen preußischen Staate, musterhaft, und es fehlt daher der geringen Klasse keineswegs an einem Unterrichte, wie er ihrer Lage entsprechend ist; allein auffallend ist es, daß weder das Volk, noch selbst der Mittelstand in einer reinen Sprache Fortschritte gemacht hat. Selbst Personen, welche richtig schreiben, gefallen sich darin, das korrupte trierische Deutsch in der Konversation beizubehalten, was den Fremden unangenehm berührt. Der hiesige Dialekt verrät die Nähe Frankreichs, so daß nicht nur eine Menge französischer Wörter das Bürgerrecht erhalten haben, sondern auch ganze Sätze eine französische Konstruktion verraten. So wird der Trierer das Participium »geworden« niemals gebrauchen, sondern das Wort »geben« dafür anwenden; z. B. »er ist reich geben« statt »er ist reich geworden«…

Der Trierer ist eine gute Seele, die kein Falsch und nichts Verstecktes im Herzen hat. Er gibt sich Dir sogleich zu erkennen, wie er äußerlich und innerlich beschaffen ist, so daß Du weder Zeit noch Mühe zu verwenden brauchst, um ihn genau kennenzulernen. Hast Du nur einmal mit ihm Brot und Salz ge-

gessen, oder richtiger gesprochen, einen Schoppen Wein getrunken, so behandelt er Dich wie einen alten Bekannten. Die Gutmütigkeit, welche dem Trierer angeboren ist, verhindert ihn schwere Verbrechen zu begehen und vielleicht lebt Niemand mehr, der sich erinnern kann, daß ein Trierer einen Mord- oder Todschlag begangen hat. Selbst im Rausche wird er eher munter und lustig, als er zu Raufereien hinneigt, so daß das Gericht nur höchst selten sich mit Wirtshausbalgereien zu befassen hat. Schwermut ist nicht seine Sache und daher legt er auch keine Hand an sein Leben. Von einem Vergreifen an fremdem Eigentum hört man zwar zuweilen sprechen; allein dergleichen Diebstähle betreffen gewöhnlich nur Bedürfnisse des täglichen Lebens, sind von keiner großen Bedeutung und fallen nur wenigen ganz gesunkenen Individuen, welche der allgemeinen Verachtung preisgegeben sind, zur Last. Feinere Gaunerstreiche sind hier völlig unbekannt. Das Frauenzimmer aus den Mittelklassen sowohl als den höhern Ständen führt ein keusches, tugendhaftes Leben, und eine Dame, welche sich zur Galanterie hinneigen wollte, würde allgemein gemieden werden.

Ein hervorstechender und nicht genug zu lobender Zug des Trierers ist der Sinn für Wohltätigkeit. Die Schüler des hiesigen Gymnasiums sind zum großen Teile Söhne unbemittelter Landleute oder armer Handwerker, welche ohne alle Geldmittel ihre Studien durchführen, da die Bürger es gleichsam als Gewissenssache ansehen, diese Jünglinge zu beköstigen, sie mit Kleidern zu versehen und für ihre Schulbedürfnisse zu sorgen.

Trier besitzt ein Hospital, mit dem sich kein anderes der Rheinprovinz messen kann. An 600 Greise, Kranke und Kinder werden darin beherbergt, ernährt und verpflegt. Mit Stolz zeigt der Trierer diese Anstalt dem Fremden, und keiner soll die Stadt verlassen, ohne solche besucht zu haben. Dort kann man sehen, zu welcher edlen Höhe der Mensch sich zu erheben vermag, wenn Pflichtgefühl und wahre Religiosität ihn begeistern.

Einer Aufforderung der Behörde zu milden Beiträgen haben wir es zu verdanken, daß die anderwärts so lästige Straßen-Bettelei in unsern Mauern nicht mehr besteht und ein Jeder, der es nur immer vermag, gibt gerne seine Gabe hin, um nicht täglich in den Fall zu kommen, mit Widerwillen kleine Geschenke machen zu müssen, von denen er nicht überzeugt ist, daß sie gut angewendet sind. Jetzt verteilt eine Kommission die Einnahmen, und von dieser weiß man, daß sie die Unterstützung nur den wirklich Bedürftigen angedeihen läßt.

Hat eine Feuersbrunst Wohnstätten in Asche gelegt, ist durch eine Überschwemmung eine Gegend in's Unglück gestürzt worden, so öffnet der Trierer mit Freude den Beutel und steuert nach Kräften bei...

Hast Du noch niemals von trierischen Festmahlen, wovon sogar die Bühne zu Berlin Notiz genommen hat, reden hören? Du Glücklicher, daß Du bei Deiner etwas zarten Konstitution einer solchen, 5-6 Stunden währenden, Strapatze nicht beizuwohnen brauchst. Hohe, hieher versetzte Beamten, deren Stellung einige Repräsentation erfordert, haben es schon vielfältig versucht, größere Einfachheit einzuführen und die ihnen sparsam zugemessene Zeit abzukürzen; allein obwohl man ihnen allgemeinen Beifall gab, so fanden sie dennoch keine Nachahmung, sobald einen geborenen Trierer die Reihe traf; denn dieser hatte stets die Antwort bereit, daß es bei seinen Freunden N. N. so und so gehalten worden sei, und er daher schicklicherweise nicht zurückbleiben dürfe. Nicht allein unsere ganze Provinz wird in Requisition gesetzt, um Gemüse außer Saison, kostbare Fische und Wild aller Art herbeizuschaffen, sondern das Meer muß durch Austern, frische und gesalzene Fische seinen Tribut geben, während die Pasteten aus Straßburg verschrieben werden, Metz das Geflügel hergibt und in Paris angefragt wird, ob sich nichts Brauchbares vorfinde. Hat nun die Hausfrau ihren ganzen Vorrat mit großer Mühe und Kosten zusammengebracht, so nimmt das Reich einer erfahrenen Köchin seinen Anfang, die mehrere Tage zur ihrer Vorbereitung bedarf, während die Wirtin ihr Haus auf- und ablaufen muß, um aus den Schränken das Tafel-Service hervorzuholen, den Tisch zu arrangieren, sowie die Plätze der Gäste zu markieren. Ist nun endlich die ganze geladene Gesellschaft beisammen und hat man den Speisesaal betreten, so duftet ein angenehmer Geruch dem durch langes Warten aufgeregten Gaumen entgegen, und während die Suppe herumgereicht wird, beschaut man sich den durch das aufgepflanzte Dessert, die großen kalten Schüsseln, so wie durch andere Beihilfe reich geschmückten Tisch. Bei den ersten Schüsseln ist ein Jeder mit seinem Magen der Art beschäftigt, daß nur wenig gesprochen wird; allein kaum hat dieser die erste Ladung erhalten, als eine lebhafte Konversation ihren Anfang nimmt, die durch die besten, oft wechselnden Weine des In- und Auslandes immer gesteigert wird. Bei den seltenen, die Sinne lockenden, Schüsseln vergißt Mancher, daß er sich vorgenommen, die Grenzen der Mäßigkeit nicht zu überschreiten, und wer nun schon bei einer gewöhnlichen Diät mit seinem Unterleibe im Kriege lebt, der wird mit geheimen Seufzern an den Katzenjammer des folgenden Tags denken und mit höchster Sehnsucht auf das von der Hausfrau ausgehende Zeichen des Aufbruchs warten. In aller Eile wird er noch eine oder zwei Tassen Kaffee herunterschlürfen und verstohlen das Freie zu gewinnen trachten, um den trägen Körper wieder etwas zu beleben. – Von dem Anfange des Winters bis zur Fastenzeit währen diese Festmahle immer fort und ich bedauere Jene, welche genötigt sind, sehr häufig solchen Sitzungen beizuwohnen …

Ein einziger neutraler Ort, worin die Trierer die Parteiung in ihren Belustigungen ablegen und sich aus allen Ständen in großer Anzahl zusammenfinden, ist das Wettendorfshäuschen, auf der Anhöhe links der Mosel gelegen. In der Tat kann auch kein schönerer Punkt weit und breit gefunden werden, von wo aus man bei einer Tasse Kaffee das Panorama von Trier in seiner ganzen Herrlichkeit unter sich sieht.

Unter allen Gattungen von Vergnügen, die ich hier genossen habe, hat mich keines mehr angesprochen, als die Freuden der Weinlese. Viele trierische Familien besitzen nämlich näher oder entfernter von der Stadt Weingüter und pflegen die Lese persönlich dort abzuhalten. Teils lassen sie sich von einigen nahen Freunden begleiten; teils sind ihnen Besuche von guten Bekannten sehr willkommen. Der Ton auf diesen Herbst-Partien ist munter, ungeniert und die Landluft, der gewöhnlich harmonische Gesang der Winzerinnen, der allgemeine Sinn zur Zerstreuung in den Nebenstunden, das Vertrauliche des Abends in einem Kreise weniger, aber sich genau kennender und näher befreundeter Menschen, stimmen das Gemüt zu einer solchen Heiterkeit, daß man ungerne den Heimweg antritt und noch lange sich des Genusses erinnert, sowie sich auf dessen Wiederkehr im folgenden Jahre freuet...

WALLFAHRT NACH TRIER

Joseph von Görres
1844

Als die Botschaft von der Ausstellung des Hl. Rockes beim Volke sich angemeldet, da war das Verständnis mitgewandert; es hatte keiner Überredung bedurft. Gleichzeitig war bei allen der Entschluß gereift, und jeder hatte sich reisefertig gemacht, um das Beschlossene auszuführen, so wie seine Umstände es gestatten würden. Ein Zwergsack nahm die erforderlichen Lebensmittel auf, wie ehemals bei den alten Heeren, wo jeder für seinen Unterhalt selbst zu sorgen hatte; schnell, indem jeder an seiner Stelle eingetreten, war die Prozession gebildet, die nun, Kreuz und Fahnen voraus, betend und singend stromaufwärts oder auf dem Landwege über die Hochebene herzog. Die Frauen hatten teilweise ihre säugenden Kinder mit auf die Fahrt genommen; Erwachsene liefen, soviel sie konnten, nebenan, und die Ermüdeten wurden in Wagen aufgenommen, die in großer Zahl den Zügen folgten. In geordneten Wegrasten wurde in den Dörfern eingekehrt; niemand verschloß den Ziehenden die Türe. Die mitgenommenen Vorräte bestritten das Mahl; den Wohlhabenden wurde es zum Teil in jenen Wagen nachgeführt; vollkommene Gütergemeinschaft herrschte.

Am 18. August 1844 hatte in Trier die Aussetzung ihren Anfang genommen; diese Stadt hatte täglich 2000 Menschen Unterkunft und Bewirtung angeboten und diese nach Möglichkeit zum Teile gastfrei geübt. Bald kamen die unabsehbaren Züge auf allen Straßen zu allen Toren hereingezogen, so daß schon in der Nacht vom 22.-23. August alle bereiteten Räume von den Pilgern sich angefüllt hatten, und am 24. die Gesamtzahl aller, die seither eingezogen, auf 65 000 gestiegen war. Am 27. war diese Zahl schon bis zu 150000, am 30. auf 250000 angewachsen, hatte sich am 11. September aber, nach den unvollständigen Listen der Polizei, bis 290000 gemehrt. Alle hatten ihr Unterkommen gefunden, und der Preis der Lebensmittel war um nichts gestiegen. Fünf Tage später hatte die Ziffer der Gäste schon zu 600000 sich erhoben, und so wächst sie von Tag zu Tag höher, bis auf 800000, bald zu einer Million heran, bis sie endlich am 6. Oktober, am Tage des feierlichen Schlusses, mit 1100000 abbricht. Der Ruf war vom hohen Dome der alten Trevererstadt ausgegangen, die Ardennen hatten ihn vernommen und der Idarwald und die alte Carbonaria; stromaufwärts war er gelaufen und der Argonnenwald in Lothringen hatte ihn zurückgehallt; über den Saargau und Speiergau war er hingegangen, und die Vogesen hatten ihn nachgesprochen; über die hohe Eifel und den Westerwald hatte er sich ausgebreitet, und der Teutoburger Wald hatte die Töne im Widerhall zurückgegeben; gegen die Maas hin waren sie in die niederdeutschen Ebenen ausgelaufen, und dem Rufe hatte überall ein Gegenruf geantwortet.

Von vier Uhr in der Frühe bis elf Uhr in der Nacht zogen die Scharen am Heiligtum vorüber, das so viele Jahrhunderte überdauert. Es war den Leuten, die dort ununterbrochen vorübergegangen, als wäre der, der einst dieses Kleid getragen, selbst zugegen und hielte Musterung über die Getreuen, die ihm noch geblieben. Darum hatte das lebende Geschlecht im Herzen sich gedrungen gefühlt, zu tun, wie die früheren vor ihm seit so vielen Jahrhunderten getan, gleichfalls hinzugehen, ihn zu umdrängen, und, beim Namen aufgerufen, seine Anwesenheit zur Stelle mit einem Da! zu bekräftigen, und dadurch ihm Zeugnis abzulegen, daß die Söhne den Vätern sich gleichgehalten, wie auch er derselbe geblieben.

Unsere Philosophen und kühnen Denker mögen es sich endlich fest einprägen und es sich nicht abermal und zum andern Male wieder ausreden lassen: daß die Welt im Jahre 1844 wirklich eine ganz andere ist, als sie dieselbe sich vorgestellt, daß alle ihre Konstruktionen nichtig sind und eitel Blendwerk, das sie sich selber vorgemacht.

Das Volk war in Frieden hingegangen und in Frieden wieder zurückgekehrt; wohlbehalten waren alle in der Heimat wieder angelangt, und was die Unglücksraben prophezeit und als wirklich schon eingetreten verkündigt hatten, das war alles Täuschung oder Lug und Trug gewesen. Die Behörde von Trier hat auch darüber bekannt gemacht: »daß die musterhafteste Ordnung während der ganzen Ausstellung geherrscht, daß die gewohnte Ruhe auch nicht im mindesten gestört worden und daß man glauben könne, der Aufenthalt in der Stadt werde den Fremden zeitlebens eine angenehme Erinnerung bleiben.« Nur einmal hatte der ungestüme Eifer der Luxemburger eine Art von Gedränge verursacht; man hatte aber sogleich die Tore des Domes verschlossen, und die Ordnung hatte sich sehr schnell wieder hergestellt.

IN TRIER

Jenny Marx an Karl Marx in Paris

Jenny Marx
1844

Trier,
nach dem 11. August 1844

Mein teurer, einziger Karl!
Du glaubst gar nicht, mein Herzensliebchen, wie hoch Du mich durch Deine Briefe beglückst und wie Dein letzter Hirtenbrief, du hoher Priester und Bischof des Herzens, Dein armes Schaf wieder in Ruhe und Frieden gelullt hat. Es ist gewiß unrecht und töricht, sich mit allen möglichen Sorgen und Blicken in dunkle Fernsichten abzuquälen, ich fühle das alles selbst in jenen selbstquälerischen Momenten sehr gut – allein, der Geist ist willig, das Fleisch ist schwach, und so vermag ich dann immer nur erst mit Deiner Hülfe, jene Dämonen zu verbannen. Deine letzten Nachrichten waren aber wirklich so reell und handgreiflich Trost bringend, daß es unrecht wäre, nun von neuem zu grübeln. Ich hoffe, daß irgendein äußerer Umstand den Zeitpunkt meiner Heimkehr bestimmen werde. Jedenfalls rück' ich vor Winterszeit ein, wie könnt' ich auch solch lieber, herzlicher Freundlichkeit widerstehen, wie sie mir aus Deinen Zeilen entgegenleuchtet. Wie freu' ich mich, nach so langer Zeit einmal wieder an Deinem Herzen, in Deinen Armen so sanft und selig zu ruhen. Was werd' ich Dir vorzuplaudern haben, und

wieviel Mühe wirst Du haben, mich wieder à la hauteur des principes zu bringen; denn in klein Deutschland ist es nicht leicht, au courant zu bleiben.

Wie wirst Du Dich über das Mämerchen freuen. Ich bin überzeugt, daß Du das Kind nicht wiedererkennst, seine Kuckäugelchen und sein schwarz Naturhäubchen müßten es denn verraten. Alles übrige ist wirklich total verändert, nur tritt die Ähnlichkeit mit Dir immer sichtbarer hervor. Seit ein paar Tagen ißt es nun schon Süppchen von der Pflanze, die ich mitgenommen, und das mundet prächtig. Im Bad plantschert es so mit seinen kleinen Händchen, daß die ganze Stube schwimmt, und dann tunkt es seine Fingerchen in das Wasser und lutscht sie dann hastig ab. Das kleine Däumchen, das es immer so untergebogen hatte und dann so zwischen den Fingerchen herauslugte, ist durch diese Gewohnheit so seltsam biegsam und gelenkig, daß man sich erstaunen muß. Das kann mal ein Klavierspielerchen werden – ich glaub', das kann mit dem Däumchen Hexereien machen. Wenn es weint, zeigen wir ihm rasch die Blümchen in der Tapete, und dann ist es mäuschenstill. Wir dürfen nicht mehr lange mit ihm sprechen, weil es sich dabei zu sehr anstrengt. Es will jeden Ton nachmachen und antworten. Übrigens ist es die Heiterkeit selbst. Jede Miene bringt es zum Lachen. Du sollst mal sehen, was ich Dir ein allerliebstes Mämerchen mitbringe. Wo es sprechen hört, guckt es rasch hin und so lange, bis wieder was Neues kommt. Von der Lebendigkeit des Kindes hast Du gar keine Vorstellung. Wenn man es ansieht, lacht es laut auf. Am frohesten ist es, wenn es ein Lichtchen oder Feuer sieht. Damit kann man den größten Sturm beschwören.

Karlchen, wie lang wird das Püppchen eine Solopartie spielen? Ich fürchte, ich fürchte, wenn Papa und Mama einmal wieder beieinander sind, in Gütergemeinschaft leben, dann wird bald ein Duo aufgeführt. Oder sollen wir es gut pariserisch anfangen? Gewöhnlich gibt es da die meisten kleinen Weltbürger, wo die geringsten Mittel sind. Neulich hat ein armer Mann mit zehn Kindern bei Oberbürgermeiser Görtz Unterstützung begehrt, da hat er ihm Vorwürfe über seine vielen Kinder gemacht; der Mann sagte da weiter nichts als: Mein Herr, es ist kein Dörfchen so klein und gering, es ist alle Jahr einmal Kirmes darin; da hat er seine Beisteuer bekommen und wird wohl nun die 11. Kirmes feiern.

In Trier ist schon ein Treiben und Leben, wie ich es nie gesehen habe. Alles ist in Bewegung. Die Läden sind alle neu aufgeputzt, jeder richtet Zimmer zum Logieren ein. Wir haben auch eine Stube bereit. Ganz Koblenz kommt, und die crème der Gesellschaft schließt sich an die Prozession an. Alle Gasthöfe sind schon überfüllt. 210 Schenkwirtschaften sind neu etabliert, Kunstreiter, Theater, Menagerien, Dioramas, Welttheater, kurz alles was man sich denken kann, kündet sich schon an. Der ganze Pallastplatz ist mit Zelten besäet. Vor den Toren sind ganze Bretterhäuser aufgeschlagen. Am Sonntag geht Trier. Jeder muß sich an eine Prozession anschließen, und dann kommen die Dörfer. Täglich 16000 Menschen. Die Stein hat schon für 400 Taler kleine Herrgottsröckchen verkauft, die sie aus ihren alten Bandresten fabriziert. An jedem Hause hängen Rosenkränze von 6 Pf an bis zu 100 Taler. Ein klein Medaillon hab' ich auch für's Mämerchen gekauft, und gestern hat es sich selbst ein Rosenkränzchen geholt. Man hat gar keine Vorstellung von dem Getreibe hier. Für die nächste Woche kommt halb Luxemburg an; auch Vetter Michel hat sich angemeldet. Die Menschen sind alle wie wahnsinnig. Was soll man nun davon denken? Ist das ein gutes Zeichen der Zeit, daß alles bis zum Extrem gehen muß, oder sind wir noch so fern vom Ziel?

Wie gut ist es, daß Du wieder ein bißchen bei Kasse bist. Denk nur immer, wenn der Säckel voll ist, wie leicht er sich wieder leert, wie schwer er sich füllt. Du lieber guter Herzenskarl! Wie lieb' ich Dich, wie sehnt sich mein Herz nach Dir.

Das Püppchen ißt eben sein Süppchen. Denk, es will gar nicht mehr liegen, immer aufrecht sitzen. Da kann es besser um sich schaun. Ich kann kaum weiter schreiben, das Kind lenkt mich immer wieder ab, mit seinem lieblichen Lachen und Sprechversuchen. Von der Schönheit seiner Stirnbildung, der Durchsichtigkeit der Haut, der wunderbaren Zierlichkeit der Händchen hast Du gar keinen Begriff. Lieb gut Herzens-Herz. Schreib mir nur recht bald wieder. Ich bin gar zu glücklich, wenn ich Deine Handschrift sehe. Du gutes, liebes, süßes Schwarzwildchen, Du Väterchen meines Püppchens.

Ade Herzens-Herz.

TRIER IST WUNDERHÜBSCH

Helmuth von Moltke

1847

Trier ist wunderhübsch, Du mußt einmal mit mir her. Die alten Römerbauten sind überraschend gut erhalten. Die Porta Nigra erinnert sehr an das Kolosseum, aber ist keineswegs so groß. Ein prächtiges Amphitheater ist ausgegraben, alte Bäder, und der Palast des Konstantin wird jetzt zu einer Kirche hergestellt [...] In Deutschland gibt es keinen zweiten Ort, wo so viele römische Reste wären, wie Trier. Die prächtige Vegetation hier, Weinreben, Walnußbäume und edle Kastanien, versetzen einen nach Italien zurück.

(Brief an seine Frau)

Basilika. Die Aula palatina, Repräsentationsbau und Empfangshalle der spätantiken Palastanlage aus der 1. Hälfte des 4. Jahrhunderts

HAUPTSTADT DES SINKENDEN RÖMERREICHS

(Brief an Anton von Werner)

Viktor von Scheffel
1868

An mir habe ich deutlich verspürt, was Gutes es ist, den ganzen Menschen im Frühjahr auszulüften. Schon vor acht Tagen fuhr ich mit großer Energie trotz Schnee und Kälte nach Trier und habe eine reiche Lese künstlerischer und geschichtlicher Eindrücke erhalten. Hauptstadt des sinkenden Römerreichs, dann eine mittelalterliche Pfaffenstadt ersten Rangs mit Säulenheiligen, kriegerischen Bischöfen, verlogenen Geschichtsurkunden, großen Dombauten – dazu die wahrhaft künstlerische, leicht zum Himmel emporrankende frühgotische Liebfrauenkirche – eine schöne Umgebung von breit hinströmender Mosel, hohen Hügeln und weiten Fernen. Alles war dazu angetan, mir meinen schweren Winter aus der Seele zu treiben.

ANTEIL AN EINER HERRLICHEN VERGANGENHEIT

Bischof Michael Felix Korum
1881

Trierer Bürger sein, das heißt, ein Mann sein, der Anteil hat an der herrlichen Vergangenheit, der römisches Blut in den Adern hat und der, wie die alten Römer, mit Weisheit und Klugheit handelt.

Die Trierer, die Nachkommen der alten mit den Römern verschmolzenen Treverer, haben sich noch etwas von der majestätischen Ruhe der römischen Konsuln bewahrt.

Die Trierer gehen langsam und bedächtig, aber fest und mutig. Wenn sie einmal für eine Sache eingetreten sind, dann bleiben sie ihr treu, dann kann man sie nicht besiegen. Über die Porta Nigra sind die Stürme der Zeit hinweggebraust und haben sie nicht erschüttert in ihrer Größe.

20. Jahrhundert

1914 – Ausbruch des Ersten Weltkrieges.

1914 bis 1918 – Trier im Krieg weitgehend verschont, trotz Frontnähe.

1918 bis 1930 – französische Besatzung.

1933 – Machtergreifung der Nationalsozialisten. Heilig-Rock-Ausstellung.

1938 – »Reichskristallnacht«: Die Synagoge wird geplündert, 100 jüdische Männer, die dort beten, verhaftet; 23 Thorarollen werden verbrannt.

1944 – Bombardierung der Stadt.

1945 – ein Drittel der Stadt in Trümmern.

1946 – Beginn des Wiederaufbaus.

1956/64 – Ausbau der Mosel als internationaler Schiffahrtsweg.

1970 – Neugründung der Universität; Einrichtung der Deutschen Richterakademie.

1974 – Wiedereröffnung des Domes nach über zehnjährigen Restaurierungsarbeiten

1975 – Trier wird Modellstadt im Europäischen Denkmalsschutzjahr.

1984 – 2000-Jahr-Feier Triers.

ROM AN DER MOSEL

Fedor von Zobeltitz
1916

Eine Dienstreise führte mich kürzlich auch über Trier. Daß es die älteste Stadt Deutschlands ist, wußte ich – wußte auch, daß über seine Römerbauten die archäologische Welt noch immer gelegentlich streitet; aber daß diese Zweitausendjährige zugleich eine der landschaftlich schönsten Ortschaften im fruchtbaren Moseltale ist, davon habe ich mich erst durch den Augenschein überzeugen können.

Wenn man vom Hauptbahnhof kommt und in die Stadt hineinfährt, weitet sich unwillkürlich das Auge. Sind wir denn hier in Deutschland und nicht etwa in Italien? Ein Wunderbau steigt vor uns auf, ein altrömisches Werk von trotziger Großartigkeit: schwarze Mauern wölben sich zu einem Doppeltor, darüber Fensterbögen und Galerien, daran gelehnt ein riesiger Turm. Das ist die Porta Nigra, das »schwarze Tor«, das Hauptwahrzeichen Triers, die Zitadelle der alten *Augusta Treverorum.*

Die Mythe hat auch über die Wiege des Volksstammes der Treverer ihr dichtestes Gespinst gezogen und die Gründung der Stadt bis in die Zeiten der Semiramis verlegt. Das ist ein bißchen weit zurückgeschoben, und die Familie der seligen Semiramis wohnte dem Euphrat näher als der Mosel. Man tut auch dem Patriotismus Gewalt an, wenn man die Treverer germanischer Abstammung sein läßt. Sie waren sicher ein keltisches Volk, das zur Gründungszeit des gallischen Belgiens freilich schon stark mit germanischen Elementen vermischt gewesen sein mag. Wenn man das fabelhafte, interessante Provinzialmuseum Triers durchwandert, rollt sich vor dem Auge des Beschauers ein gutes Stück trevirischer Geschichte auf. Steingeräte mancherlei Art bilden die Fundstücke aus der ältesten Zeit. Ihnen schließen sich die Erzeugnisse der frühesten Bronzezeit an, denen dann die der ältesten Eisenzeit folgen. Die früheste beglaubigte Kunde über die Treverer erhalten wir durch Cäsar (in seinem *De bello Gallico*), den sie um Schutz gegen die Sueven baten. Damit hatte auch die letzte Stunde ihrer Selbständigkeit geschlagen.

Daß Trier um die Wende unserer Zeitrechnung begründet worden sein muß, beweist die an »LUCIUS CAESAR, AUGUSTI FILIUS« gerichtete Inschrift einer Erinnerungstafel, die zugleich das älteste Denkmal der Römerzeit in den Rheinlanden ist. Lucius Cäsar war der Adoptivsohn und Enkel des Augustus, der Sohn des Agrippa und der Julia, der im Jahre 2 v. Chr. starb. Damals mußten sich die Römer also schon hier häuslich eingerichtet haben.

Daran dachte ich, als ich auf der alten Moselbrücke stand und links die turmreiche Stadt sich ausdehnen und am Ufer gegenüber die Ausläufer der Eifel aufsteigen sah. Schon Tacitus spricht von dem *pons mosellae*. Ob er damit die alte Trierer Brücke meint, ist zweifelhaft; zweifellos aber ist, daß fünf der Brückenpfeiler aus römischer Zeit stammen – zwei wurden 1689 gesprengt.

Ich sagte schon, daß es eine Freude ist, das Museum zu durchwandern und an der Hand seiner Schätze des römische Trier zu rekonstruieren. Vor dem Marmortorso einer Amazone blieb ich lange bewundernd stehen. Mehr noch als die Skulpturenfunde beweisen die Ruinen des Amphitheaters, daß römischer Luxus und die Freude an Schaustellungen schon im Laufe des 1. Jahrhunderts sich auch in Trier eingebürgert hatten. Damals, in der zweiten Hälfte des 3. Jahrhunderts, muß Trier den Anblick einer völlig römischen Stadt gewährt haben.

Man hat lange darüber gestritten, ob die großartigen Ruinen am südlichen Ende der Ostallee Thermen gewesen sind oder die Reste eines alten Kaiserpalastes. Nun ist es für einen Archäologen ja sicher nicht schwer, den Nachweis zu führen, daß die Ruinen Thermen gewesen sein müssen. Aber ebenso leicht wird ein Fachmann den Gegenbeweis führen können. Im übrigen habe ich mir nicht den Kopf darüber zerbrochen. Ich war entzückt von dem malerischen Bilde, von der grünen Wildnis zwischen den Trümmern, von dem goldig blühenden Ginster zwischen geborstenen Säulen – von dem Gesamteindruck.

Trier hieß im Mittelalter das zweite Rom. 314 erschien sein erster Bischof Agritius auf der Synode zu Arles; 334 ist Ambrosius (Vater des heiligen Ambrosius), ein Christ, als Präfectus Prätorio der vornehmste Beamte Galliens mit dem Sitz in Trier. Der Kern des Doms ist römisch. Der Sage nach stand hier ein Palast der Helena, der Mutter Konstantins, und zu Ehren des heiligen Petrus wurde er in ein Gotteshaus umgewandelt. Den römischen Bau erweiterte Erzbischof Poppo im 11., Erzbischof Hillin im 12. Jahrhundert. Als am 1. Mai 1196 Erzbischof Johann I. den vollendeten Dom einweihte, legte er den heiligen Rock Christi in den Hochaltar des Ostchors nieder. Erst Maximilian I. ließ ihn 1512 wieder öffentlich ausstellen – seitdem ist die Reliquie oft der verehrenden Menge gezeigt worden. – In den Einzelheiten weist der Dom große Schönheiten auf; die romanische Epoche wie die Renaissance haben Wunder geschaffen.

Interessant ist auch die im 13. Jahrhundert ursprünglich ganz gotisch errichtete Gangolfskirche, die im Rokoko eine merkwürdige Umwandlung erlebte. Das prachtvolle Vorportal am Hauptmarkt wurde 1732 geschaffen, und um die gleiche Zeit auch wohl die zierliche Stuckdecke im Seitenschiff. Das schönste Rokokowerk Triers ist aber die von dem Kurfürsten von Schönborn gestiftete Paulinuskirche, die an Stelle der zerstörten romanischen trat. Die Ornamentierung im Bogen des Portals ist von feinster Anmut; vor allem hinterläßt das Innere des Gotteshauses mit seinen schlanken Wandpilastern, der farbenreichen Decke, dem Chorabschluß und dem wirkungsvoll aufgebauten Hochaltar einen überwältigenden Eindruck. Ich erinnere mich keiner anderen Rokokokirche, die St. Paulin gleichkommen könnte.

Natürlich stattete ich auch der Bibliothek einen Besuch ab; ich wußte, daß hier der berühmte Codex aureus aufbewahrt wird, die kostbarste Handschrift, die man in Deutschland kennt, und ich müßte nicht ein passionierter Bibliophile sein, um die Gelegenheit, diesen Schatz einmal bewundern zu können, ungenutzt vorübergehen zu lassen. Die Stadtbibliothek ist übrigens auch reich an alten Druckwerken; so konnte ich u. a. ein schön erhaltenes Exemplar der Gutenbergschen zweiundvierzigzeiligen Bibel bewundern, des ersten großen Werkes aus seiner Offizin.

Aber Kunstbewunderung schließt die Materie nicht aus. Auch der Leib verlangt Nahrung, und die trocken gewordene Kehle will erquickt sein. Als Freund des Moselweins war ich hier am rechten Platz. Bacchus genoß – neben dem Merkur – in Trier hohe Verehrung. Mosaiken und Reliefs mit bacchischen Darstellungen und auf den Weinhandel bezügliche Szenen finden sich vielfach im Museum aufbewahrt. Reizend ist ein im Kreise Saarburg ausgegrabenes Sandsteinrelief, auf dem ein kleiner Bacchus nach dem gefüllten Geldbeutel Merkurs greift: eine symbolische Handlung, die witzig, fast boshaft ist. Jedenfalls blühte in Trier der Weinhandel schon in allerfrühesten Zeiten. Blüht auch heute noch.

Eine Reihe edler Gemarkungen schart sich um Trier, der Stadt zunächst der treffliche Tiergärtner und der Avelsbacher, und dann die Weine aus den Nachbartälern der Ruwer und Saar. Der alte Ausonius hatte recht, wenn er der Mosella ein Loblied sang und ihre Rebengefilde pries. Ich tue desgleichen.

ERHABENE STADT DER TRIERER

Stefan Andres

1949

Schöner noch, als sich geliebter Dinge zu erinnern, scheint es mir, jener ersten und frühen Einwirkungen zu gedenken, die sie auf das Gemüt des Kindes ausübten. Ja, ich möchte meinem Leser, aber auch mir selber, einige Andeutungen darüber geben, wie eine Stadt, welche die Mauerkrone dieses Namens verdient, uns schon in früher Jugend beschenkt, in einer Zeit also, da alle Einwirkungen der formenden Kräfte auf Seele und Geist noch verschlossen und nichts verratend sind – wie Samenkörner, die aber eines Tages, im Erdreich aufsteigend, ihre Kraft, ihren Glanz und ihre ganze Eigenart zeigen.

Die erste Berührung mit »der Stadt« (es gab keine andere neben Trier in dieser Zeit) fand auf der väterlichen Mühle im Dhrontal statt. Ich war ungefähr drei Jahre alt und trug noch – ich gestehe es nicht ohne Zögern – ein buntes Röckchen, als eines Tages vier Männer erschienen, die mir ganz anders vorkamen als die Bauern und Müller meiner bisherigen Umwelt. Sie hatten überall glänzende Dinge: vor den Augen, vor dem Bauch und auf den Stöcken; sie rochen nach Ferne (ich vermute, es war der Duft der Zigarren) und sie sprachen und lachten leiser und feiner als die Dhrontaler. Das Wort »Herr« stand mir noch für Jahre nicht zur Verfügung (und später pflegten wir es nur auf Geistliche anzuwenden!), aber als ich es gebrauchen lernte, setzte ich es vielleicht unbewußt auf diese Begegnung mit den Abgesandten der Stadt Trier wie auf ein solides Fundament.

Der eine nun der Herren versprach mir, daß er, falls ich ihn bei seinem nächsten Besuch inmitten der anderen Herren erkennen würde, mir eine Schachtel voller »Gutschen« mitbringen werde. Als die Delegation nach einigen Wochen wieder auf der Mühle erschien, trat ich sofort auf den Goldglänzenden zu und sagte: »Du bist es!« Er hatte sein Versprechen gehalten – und die Schachtel mit den bunten, duftenden, mir kleinem Müllerjungen märchenhaften Süßigkeiten war die zweite Verbindung mit der Stadt. Daß diese Herren gekommen waren, um meinen Bach, die glucksende, schallernde Dhron stumm zu machen, ja zu töten, indem sie die Talsperre bauten, das ahnte ich nicht. Und als ich erfuhr – wir waren schon aus dem grünen Tal fortgezogen –, was diese freundlichen Herren im Sinn gehabt hatten, legte sich ein feiner Schatten über sie. Ja, auch *das* war die Stadt, wie ich denn öfters von Bauernfrauen, wenn sie eine Tagesreise – meist zu Fuß! – nach Trier gemacht hatten, sagen hörte, daß die Stadt eine Geldschlange sei... Natürlich; sie hatten einige Meter Baumwolle gekauft, Manchesterstoff, Nähnadeln, Stoßlitze und für das Pittchen ein Zuckerpfeifchen, und im Bierstall hatten sie zwei Glas Bier getrunken! Eine fürchterliche Geldschlange, der Taler war fast auf der Strecke geblieben.

Und es kam der Tag – es war ein Tag der großen Gewährung! –, da ich selber, ich war etwa acht Jahre alt, mit der Mutter nach Trier fuhr. Bisher hatte ich nur, wenn ich hoch auf Maroul bei den weidenden Kühen stand, die blauen Türme der Stadt von ferne erspäht. Als ich in der Schule hörte, wie Moses, ich glaube vom Berg Horeb herab, das versprochene Land sah, ohne es betreten zu dürfen, versetzte ich mich leicht in seine Seele. Ich spielte seit der Zeit oft Moses, und die Braun und die Bleß stellten Josua und den anderen Begleiter dar, und wir blickten gen Westen in den goldenen Himmel. Feine bläuliche Türmchen stachen in die Lücke zwischen den Hügeln, und wir seufzten zu dritt. Ich wußte, dort gab es die großen elektrischen Wagen, die ohne Pferde durch die Straßen fuhren; dort lag der Leib des Apostels Matthias, dort stand die Porta nigra, von der ich gehört hatte, daß sie sehr schwarz und stark und fast so alt sei wie der

Herrgott, der dem Kaiser Konstantin auf dem Berg Kron, also neben unserer Mühle im Dhrontal, mit dem Kreuzesbanner erschienen war. Und es stand dort der Dom, in welchem die Kaiserin Helena einmal gewohnt hatte. Und heilige Plätze gab es in dieser Stadt, wo die Erde noch dunkel war vom Blute der Märtyrer. Und auf dem Domplatz, wo der Domstein lag, den der Teufel selber dorthin geworfen, hatte sich früher der Christenverfolger Rixius Varus herumgetrieben, bis ihn ein heiliger Bischof in den Meulenwald, in einen dicken Baum gebannt hatte. Von diesem bösen alten Römer wußte ich so viele Geschichten, daß ich unbedingt die Stelle auf dem Domplatz besichtigen wollte, wo er als Ball oder Roß oder Feuerkringel seine bösen Allotria getrieben hatte. Und was gab es sonst noch alles in der Stadt? Die Mariensäule, das Pestkreuz, die Römerbrücke! Man konnte diesen Reichtum nicht fassen.

Und nun sollte es geschehen, meine Bitten, die ich an Vater und Mutter, aber ebenso an alle heiligen Märtyrer von Trier gerichtet hatte, waren plötzlich erhört worden. Meine Mutter mußte zum Bauernverein, und so holte meine Schwester eines Abends die Zinkwanne, und es wurde mir erklärt, daß ich anderen Tags mit der Staatsbahn nach Trier führe, weswegen sie mich jetzt schrubbten, denn wenn man in die Stadt fuhr, mußte man festtäglich aussehen. Mutter band sich am andern Morgen die schwarze seidene Schürze vor, schlang ein ebensolches Tuch um den Kopf und sagte zu mir, derweil sie mir das braune Samtjäckchen mit den goldenen Knöpfen anzog – ich hielt sie wenigstens für aus Gold gemacht! –: »So, mein Knechtchen, und hier hast du ein Sacktuch, und bleib mir ja immer schön zur Seite. Die Stadt ist groß, und wenn du dich verlierst, kann dich keiner mehr finden!«

Als ich neben der Mutter die Langfuhr zum Bahnhof hinauspilgerte und die letzten Häuser des Dorfes und die Kühe und die Holzapfelbäume am Straßenrand zurückließ, nicht ohne Mitleid, zugleich aber auch mit dem Bewußtsein, daß ich ein bevorzugtes Wesen sei – da leuchtete die Sonne feierlicher über dem Rotenberg, und anders sang der Wind in den Telegraphenstangen, zu denen ich von Zeit zu Zeit hintrat, um mein Ohr an ihr rissiges Holz zu pressen. »Trier-Trier-Trier« summten sie heute und wußten kein anderes Wort, während sie sonst mancherlei Namen aus der Weite herantrugen und wie den Rosenkranz betende Frauen in sich erwogen.

»Trier Hauptbahnhof!« Wonne und Aufregung überfielen mich in einem Maße, daß ich nur stumm meine Hand in die der Mutter steckte, in einer Art von Geduld, alle Herrlichkeiten zu ertragen, und sollten sie auch so schwer wiegen die Porta nigra.

Denn also: da stand sie vor mir. Wenn ich mich genau erinnere, hatte ich von dem Bauwerk, als ich zum erstenmal vor es hintrat, einen ähnlichen Eindruck wie einige Jahre später von einem Elefanten, den ich – ebenfalls in Trier – bei meinem ersten Zirkusbesuch sah. Ja – diese Porta nigra war so groß und mächtig, daß man ein bißchen Angst bekam – und überdies stellte ich fest, daß sie sich gar nicht um einen kümmerte: der Bau kehrte einem sozusagen immer nur den Rücken zu. Das Fremdartige, das ganz Andere, ging mir ebenso wie das Muskulöse, Harte an dem Riesentor auf, sofort beim ersten Anblick.

Und ich erinnere mich, daß ich jedesmal herzklopfende Ehrfurcht in der Nachbarschaft des Römertores empfand – vor seinem Alter zumal, aber auch vor seiner Würdigkeit, mit der es stumm und unbeweglich durch die Jahrhunderte an demselben Platz stand. Mir kam es damals und gelegentlich heute noch so vor, als ob manche Gebilde aus Stein Persönlichkeiten seien, die eine Seele haben und, wenn sie wollten, durchaus sprechen könnten. Aber bevor ich die Porta nigra sah, waren mir solche Bauten selten begegnet: das Totenhäuschen auf dem Friedhof schien mir ein solches Wesen; manche unter den einsamen Kapellen im Wald oder an halblauten Bächen; außerdem ein gewisses Haus, das in einer stundenweit sich dehnenden Einsamkeit oberhalb Mehring lag – ein Haus, mit dem jedermann Mitleid haben müßte, weil es so allein im Sande lag. Mit diesem aus den mittlerweile schwarzgewordenen Sandsteinquadern gefügten Koloß hingegen hatte ich nie Mitleid, wiewohl es doch ganz einsam war trotz der Nachbarschaft der Häuser.

Meine Mutter war sehr ernst, wenn sie in der Stadt war. Ich erinnere mich, daß sie jedesmal beichten ging, und zwar in den Dom zum Weihbischof.

Ich verirrte mich derweil gerne in den grauen, nach Weihrauch duftenden Hallen und befühlte den Stein, dort nämlich, wo ich ganz sicher war, daß die Kaiserin Helena ihren Sohn Konstantin in der Wiege gehabt hatte. Und wenn Mutter, nachdem sie gebeichtet hatte, mich suchte und endlich fand, zog sie mich in einen dunklen Winkel, setzte sich nieder und holte aus der Tasche die Butterbrote. Bei späteren Besuchen bat ich die Mutter, daß wir unser Brot immer im Dom äßen. Ich stellte mir vor, hier oder ein Stockwerk tiefer saß der Kaisersohn neben seiner Mutter vor vielen hundert Jahren und aß ebenso Brot wie ich und dachte darüber nach, wie er eines Tages die Welt erobern könnte. Nein, so etwas wollte ich nicht, doch hatte ich mir, seit ich den Weihbischof in seinem schönen roten Käppchen zum erstenmal gesehen hatte, fest vorgenommen, Bischof zu werden, zumal man mir erzählte, daß der Nikolaus Krebs aus Cues auch ein Kind einfacher Eltern gewesen und doch ein großer Kirchenfürst geworden sei. Und der Abt Trithemius stammte schließlich aus dem Nachbardorf und war trotzdem ein gelehrter Mann geworden.

Die Kirchenbauten hatten etwas Schoßhaftes für mich, ich verkroch mich in den heiligen Höhlen wie in himmlischen Müttern, schnupperte nach dem Eigengeruch einer jeden, nach dem ihr eigenen Alter, das nichts mit dem wirklichen zu tun hatte, und lauschte der Gebärdensprache ihrer Bauglieder, lang ehe ich das mindeste von Stilkunde und Kunstgeschichte erfahren hatte. Liebfrauen war für mich eine helle, freudenreiche Kirche von etwa dreißig Jahren, ich erinnere mich, daß auch meine Mutter jedesmal lächelte, wenn wir eintraten. Die Säulen standen wie Stengel von Blumen beieinander, und schaute man in das Gewölbe hinauf, blickte man wie in Blütenkelche: denn alles war vom Licht der Fenster übermalt, so zart und doch gezirkelt genau. Ich wußte damals freilich noch nicht, daß ich in einem der anmutigsten Steingezelte stand, die der Geist der Gotik überhaupt je ausgespannt hat. Doch empfand mein ganzer Leib und nicht nur das Auge den ungeheuren Gegensatz zu dem dicht neben Liebfrauen hingebreiteten Dom, diesem ernsten Himmelsbollwerk, das so viel Ungemach überstanden hat und dessen Baugedanke eigentlich der des Überstehenkönnens ist. Wie zerbrechlich ragte neben ihm Liebfrauen! Wenn ich heute an diese Kirche denke und mir vorstelle, daß mitten aus dem Himmel das ruchlose, dumme Gewicht des Eisens in die geistvolle Geblähtheit ihrer Gewölbe einbrach und die heilige, stengelhaft strebende Ruhe dieser Steinpflanze mit dem Gebrüll der Zerstörung erfüllte, dann möchte man diesen Baugedanken mit einem Seufzer von dieser Erde wegsaugen und im Herzen bewahren für das kommende Äon – denn für dies gegenwärtige ist Liebfrauen nicht geschaffen.

Lange war ich in die Mutter gedrungen, daß wir bei einem unserer Besuche auch einmal nach Olewig hinauspilgern sollten, um die Arena zu sehen. Ich hatte in der Schule allerlei von diesem Ort gehört, und der Name schmeckte mir – ich weiß nicht, ob durch eine Erzählung des alten Lehrers angeregt oder aus einem Ahnen: nach Salböl, Weihe oder gar nach Ewigkeit. Auch meine Mutter liebte diese Berührungen mit der abgeschlossenen Zeit. Sie war an solch heiligen Stätten von einer schweigenden Ehrfurcht erfüllt, die auch mich verstummen ließ. Und fragte ich doch, geschah es leise, und die Arena, wo die wilden Tiere soviel Christen zerrissen hatten, war für Augenblicke noch einmal erfüllt vom Knurren und Fauchen der großen Katzen und dem Schreien der Opfer und dem Beifallsgebrüll der Heiden – dort auf den steinernen Ringbänken. Diese Erde vor uns hatte das Blut der Zeugen Christi getrunken.

Viele Jahre warf ich übrigens die Heiden und Römer in einen Topf, und ich betrachtete die Porta nigra und die Basilika mit den Augen eines Christen, der sich mit dem Erbauer dieser harten und stolzen Mauern überzwerch fühlt, bis mir langsam durch die Schule und durch eigenes Lesen klar wurde, daß es ja eben diese selben Römer waren, die unsere Vorfahren nicht nur als Christen verfolgten, sondern sie auch zu Christen gemacht hatten. Eucharius, Valerius und Maternus, so hießen eines Tages für mich die helleren Römer – und Helena, Konstantin, Ambrosius! Ja, das waren richtige Trierer, auch das wurde mir langsam klar, Trier selbst war ja einmal die Urbs des Westens, als Rom zu einem Trier unserer Zeit herabgesunken war...

Besonders gern weilte ich in den Ruinen des Kaiserpalastes (so nannte man die Kaiserthermen, bevor die Ausgrabungen in den ersten Jahrzehnten unseres Jahrhunderts erkennen ließen, daß es sich hier um eine Thermenanlage handelt) – ich glaubte arglos dem Namen des Gebäudes und stellte mir vor, wie hier die Kaiser gelebt hätten. Wenn die Sonne abends darauf schien, sahen die Ziegel wie Gold aus, und ich ergänzte die fehlenden Teile, so gut ich es vermochte. Die rundbogigen Fenster, die ich sowohl in den Kaiserthermen wie im Dom fand, verlockten mich, die offenen Ruinen zu einem riesigen Dome, fast wie ich ihn kannte, zu erweitern und mit goldenen Kuppeln abzuschließen. Und im Mittelschiff saß, wo im wirklichen Dom der Hochaltar stand, in meinem eingebildeten Palaste der Kaiser Konstantin, ganz in Gold gekleidet. Und er saß schrecklich allein da und schaute in die Ferne. Derweil sangen aus den goldenen Kuppeln viele tiefe Glockenstimmen: »Erhabene Stadt der Trierer, Mitte des Erdkreises!«

Am Roten Haus auf dem Hauptmarkt stand es, und sogar auf Latein geschrieben: daß Trier alt sei, älter als Rom. Vielleicht war es ja älter als Abraham, und das war ein Alter, das gruseln machte. Denn zu Abrahams Zeiten war noch Gottvater auf der Erde herumgegangen, um Leute zu besuchen und mit ihnen zu essen und zu trinken, das wußte ich. Wer konnte wissen, ob Gottvater nicht auch in Trier eingekehrt war, um zu sehen, wie es die Menschen trieben?

Heute ist Trier bereits wieder eine Stadt, die aus ihrer einst provinziellen Abgeschlossenheit herausgefunden hat. Das trotzige, abweisende Römertor steht fast im Kern der weit über ihre alten Mauern hinausgewachsenen Stadt und darf nicht mehr als Wahrzeichen Triers angesehen werden. Das Symbol, das dem neuen Trier gerecht wird, ist die Römerbrücke, die mit ihren Pfeilern alle Zerstörungswut der Zeiten überstanden hat. Trier ist die nach Westen ausgestreckte Hand Deutschlands geworden. Die Stadt, die so lange im toten Schatten der Grenze lag, wird in einem Europa, das seine den Handel und Wandel lähmenden Barrieren überwindet, einen neuen Auftrieb erhalten – und vielleicht sogar einen geschichtlichen Auftrag.

DENKMAL DES LEBENS

Ricarda Huch

1929

Im Osten Triers sieht der Spaziergänger von gepflegter Promenade aus, nicht weit von einem Eisenbahnübergange, eine gigantische Ruine. Von trümmerhaften Türmen flankiert, erhebt sich ein Stück Rundmauer, durchbrochen von breiten, rundbogigen Fenstern, wie die Apsis einer Kirche, woran sich halb in Schutt gefallenes Mauerwerk anschließt. Es sind die Kaiserthermen, Reste eines Badepalastes, der unter Konstantin Chlorus zu bauen angefangen und unter Konstantin dem Großen vollendet wurde, den aber die Römer selbst im 4. Jahrhundert zum Teil niederrissen, um ihn während der glänzenden Regierung des Kaisers Gratian in ein Forum zu verwandeln. Tritt man in diesen abgeschlossenen Bezirk ein, so umfängt einen wunderbar die heilige Macht der Vergangenheit. Denn hier ist nur noch Denkmal des Lebens, nicht mehr das Leben selbst, seine Tränen, seine Wut, seine Nichtigkeit; die ewige Natur rauscht darüber hin. Daß es das Leben Gewaltiger war, das sich hier entfaltete, künden die im Verfall noch drohenden Mauern; aber dahin sind die, welche sie bauten, und die, welche sich darin umtrieben, und ihre Geschichte ist ein Bild geworden zur Betrachtung für andere Geschlechter und Völker.

In der Nähe dieser Thermen werden neuerdings große römische Anlagen aufgedeckt: zwischen Gras und Lehm ziehen sich in der Tiefe die Spuren von Grundmauern hin, aus denen der Kundige wie aus Hieroglyphen abliest, was sich an Tempeln, Theatern und anderen Bauten hier einst erhob. Tief unter der deutschen Stadt Trier, einem malerischen Spiel von Straßen und Gassen, liegt das regelmäßige Straßennetz der Römerstadt begraben, die, von Augustus gegründet, durch Weinbau und Handel reich wurde und als Residenz Konstantins und Gratians das sinkende Rom überstrahlte. Während die Häuser der Bürger und die Villen der Reichen in den Stürmen der Völkerwanderung untergingen, erhielten sich einige von den öffentlichen Riesenbauten, die in das Leben der germanischen Eroberer hineingezogen wurden. Die Porta Nigra, das einzig übriggebliebene Mauertor und zugleich Kastell mit ausgedehnten Innenräumen, erweist sich als das Werk eines Herrenvolkes; die schwarze Färbung, die die Zeit ihm gab, läßt seine Größe düster erscheinen. Außerhalb der alten Stadt, nördlich von den Kaiserthermen, liegt das Amphitheater, wo Konstantin tausend gefangene Franken mit ihren Königen von den wilden Tieren zerreißen ließ. Im Mittelalter diente es zuweilen als Befestigung: der Kurfürst Jakob von Eltz lagerte hier 1568 seine Truppen bei einer Fehde mit der Bürgerschaft, und zwei Jahrhunderte später beschossen die Franzosen von hier aus den in eine Festung verwandelten Kaiserpalast. Wenn gerade Bedarf war, wurden die Steine zu Bauten benutzt; so sollen sie zur Westfassade des Doms verwendet sein. Die Sitze, zum Teil in das ansteigende Gelände hineingebaut, sind noch vorhanden, ebenso die Mauern, die das Oval umgaben. Von den Toren, die sie durchbrachen, sind noch ein paar bröckelnde Turmruinen übrig, über die eine Pappel wie eine dunkle Säule aufragt. Gras überwächst die Sitze, Gebüsche und Bäume drängen sich an den verlassenen Raum.

Die Steine der Barbarathermen in der Nähe der Moselbrücke dienten zum Bau der Stadtmauer und später zu dem des Jesuitenkollegiums, nachdem das ritterliche Geschlecht de Ponte, von der Brücke, das sich in die großen Anlagen eine Burg hineingebaut hatte, ausgestorben war. Es sind infolgedessen von diesen Thermen, die reich mit Marmor bekleidet und mit Figuren geschmückt waren, nur noch die Grundmauern da.

Die zerstörten und verwitterten Römerbauten hat die Muse der Erinnerung angehaucht; die ihnen eigene Kälte und Strenge berührt uns in den wiederhergestellten, wie die Basilika, die Friedrich Wilhelm II. zur evangelischen Kirche bestimmte. Dieser Bau, einst ein Teil des konstantinischen Forums, imponiert durch seine Maße, aber er ergreift nicht; als eine Schutzhalle, wo sich bei schlechtem Wetter Handel und Wandel abspielte, war er sicherlich angemessen. Im Mittelalter diente die Basilika den fränkischen Königen und den Grafen, die sie vertraten, als Residenz; später bezogen sie die Erzbischöfe in ihren Palast ein.

Es ist eigentümlich, wie stark die untergegangene römische Kaiserstadt in Trier fortwirkt, in die mittelalterliche Stadt hineingelebt und sie zum Teil überdauert hat. Zwischen den charakterlosen modernen Straßen tritt das antike Trier fast mehr hervor als das mittelalterliche, das Absicht und Zufall, seltsam im Bunde mit dem alten Römergeist, weitgehend ausgerottet haben. Besonders vom Gotischen, dem eigentlichen Ausdruck des germanischen Volkes, ist wenig übriggeblieben. Eine Ausnahme bildet die Liebfrauenkirche, wenn sie auch als Zentralbau, Nachklang des alten Baptisteriums, an die Antike anknüpft. Im Inneren verbindet sich die gotische Schlankheit der Verhältnisse und der phantasievolle Reichtum des einzelnen mit der Geschlossenheit ihrer Anlage zu einem Eindruck beseligender Harmonie. Wenn am Abend sanftfarbiges Licht durch die Fenster fällt, glaubt man sich im Kelch einer überirdischen Blume geborgen, wie ja auch der Grundriß einer Rose gleicht. In ihrer Makellosigkeit und hehren Anmut charakterisiert sich die Kirche als das Haus, in dem die jungfräuliche Mutter des Herrn verehrt wird. Sie wächst zu einer einzigartigen Gruppe mit dem Dom zusammen, der Kirche Gottvaters, des Weltherrschers, der mit dem Blitz die Geschicke der Sterne und Menschen leitet. Wenn man vom Markt kommend sich der schwarzen Fassade mit der herrisch hervorragenden Apsis nähert, fühlt man sich an die Porta Nigra erinnert. Der reichen, festungsartigen, tyrannischen Gestaltung des Äußeren entspricht das Innere nicht, dem etwas Kaltes und Leeres anhaftet, obwohl es eine Menge prunkhafter Grabmäler von Erzbischöfen in Renaissance und Barock enthält. Der Überlieferung nach war der Dom der Palast der Kaiserin Helena, die in Trier geboren sein soll und zu den Stadtheiligen gehört.

Von den beiden großen Stiften St. Maximin und St. Matthias, die sich im Mittelalter wegen ihrer Ansprüche auf höheres Alter und größere Heiligkeit befehdeten, ist als solches nur das letztere erhalten geblieben, wenn auch äußerlich nicht unverändert. Der Stadtteil, wo Sankt Matthias liegt, nahe der Eisenbahnlinie, hat jetzt häßlichen Vorstadtcharakter; man muß es, wenn man sich vergegenwärtigen will, wie es einst wirkte, in Gedanken aus der heutigen Umgebung herausschälen, wozu die Linie der Berge drüben über der Mosel hilft, die sich anmutig bewegt wie vor Jahrhunderten am Horizont hinzieht. Um Eucharius, den ersten Bischof Triers, soll sich hier die erste Christengemeinde versammelt haben und nach seinem Tode über seinen Gebeinen ein Kirchlein erbaut sein. Dies und noch anderes verfiel und verbrannte, worauf im 12. Jahrhundert an seiner Stelle ein romanischer Kirchenbau aufgeführt wurde, der, da gerade die Gebeine des Apostels Matthias aufgefunden waren, unter Verdrängung des Eucharius dem neuen Heiligen geweiht wurde. Der romanische Bau erhielt später ein gotisches Chor und der zweigeschossige Turm im 18. Jahrhundert eine barocke Bekrönung; zusammen mit den prachtvollen Renaissanceportalen gibt der Turm der Westfassade den überraschend interessanten Charakter.

Ein schlimmeres Schicksal hatte das nebenbuhlerische Stift Sankt Maximin im Norden der Stadt. Als Franz von Sickingen seine großen revolutionären Pläne mit einem Angriff auf den Kurfürsten von Trier begann, setzte er sich in Sankt Maximin fest, mußte aber die Belagerung aufgeben, weil der Widerstand der Bevölkerung nicht zu überwinden war. Nun hatten die Erzbischöfe von jeher einen Widerwillen gegen die Abtei gehabt, die, auf ihre Reichsunmittelbarkeit pochend, sich ihnen nicht unterwerfen wollte, anfangs sogar daran dachte, eine eigene Stadt um sich her zu gründen; Erzbischof Richard von Greifenklau ließ es deshalb gern zu, daß die Bürger nach Sickingens Abzuge das Stift zerstörten. Den am Ende des Jahrhunderts errichteten Neubau, dessen Schönheit und Pracht gerühmt wird, zerstörten im Jahre 1674 die Franzosen, einen nochmaligen beschädigten sie 1794. Zuletzt wurde die Kirche als Kaserne gebraucht. Im Jahre 1674 sprengten die Franzosen auch die Stiftskirche Sankt Paulin in die Luft, die, wie Sankt Maximin, im 12. Jahrhundert erbaut war; sie ist in nicht unedlem, aber frostigem Barock wieder errichtet.

Spurlos verschwunden ist das merkwürdigste mittelalterliche Bauwerk Triers, die Simeonskirche, die in die Porta Nigra hineingebaut war. Erzbischof Poppo aus dem Geschlecht der Babenberger, der zur Zeit Heinrichs II. an der Spitze Triers stand, brachte von einer Wallfahrt nach dem heiligen Grabe den orientalischen Eremiten Simeon mit, der sich in der Porta Nigra eine Zelle einrichtete und dort das Leben eines Klausners führte. Als er gestorben war, faßte der Erzbischof den großartigen Plan, das Heidentor, wo der nun heiliggesprochene Fremde gelebt hatte, zu einer ihm geweihten christlichen Kirche auszubauen. Es entstand eine romanische Doppelkirche, deren Turm hoch über die Türme der Porta Nigra, ein triumphierendes Siegeszeichen, emporragte. Das Christentum hatte den heidnischen Koloß nicht vernichtet, sondern ihn, wie der Herr den Teufel, zu seinem Dienst gebeugt. Bis zum zweiten Stockwerk war das Tor zugeschüttet, und zu der hochgelegenen Kirche führte eine Freitreppe hinauf. Die Unterkirche, welche das zweite Stockwerk des Tores ausfüllte, war der heiligen Jungfrau und dem heiligen Michael geweiht, darüber, im dritten Stockwerk, befand sich die Stiftskirche des heiligen Simeon; die dazugehörigen Stiftsgebäude umgaben den Platz. Diese phantastische Erscheinung, die an malerischem Reiz die Porta übertroffen haben muß, fiel auf Befehl Napoleons, der, weil er

Kaiserthermen. Die große Thermenanlage für Hofstaat und Reichsverwaltung wurde noch Ende des 3. Jahrhunderts begonnen

sich als Vertreter des Römertums fühlte und sicherlich dem germanischen Mittelalter verständnislos gegenüberstand, die bedeutendsten Zeugen der römischen Herrschaft in Deutschland wiederhergestellt sehen wollte. Die auf ihn folgende preußische Regierung setzte das von ihm begonnene Zerstörungswerk fort; einzig das Chor der unteren Kirche blieb bestehen. Beim Durchschreiten der riesigen Gewölbe des Innenbaus stößt man noch auf Reste der alten Kirchenausstattung: Grabsteine und Medaillonbilder von Päpsten und Erzbischöfen im Barockstil. Dieser Periode gehören auch die Bruchstücke von Figuren an, die im Erdgeschoß aufbewahrt werden, darunter ein schöner Jünglingskopf mit sturmflatterndem Haar, vielleicht von einem Engel der Verkündigung oder einem Michael, dem ja die untere Kirche geweiht war.

Erzbischof Poppo, der die Simeonskirche gründete, gehörte zu den bedeutendsten Herren Triers, des ältesten und anfänglich angesehensten Erzstifts im Reich. Er wurde von Heinrich II. mit der Aufgabe betraut, den anmaßenden Adel zu bekämpfen, dessen Anführer Graf Adalbert von Luxemburg war, der Bruder der Kaiserin Kunigunde, Heinrichs Schwager. Diesen schweren Auftrag erledigte Poppo mit Energie und Glück; er war ein tapferer Kriegsmann und zog mehrfach an der Spitze seiner Lehensleute ins Feld, wie er denn auch den Kaiser auf seinem Zuge gegen die Polen begleitete. Er gehörte zu den reichstreuen Bischöfen, die damals unter Führung des Aribo von Mainz entgegen den übertriebenen Forderungen des Papstes die Selbständigkeit der deutschen Kirche wahren wollten. Die List der Nonnen von Pfalzel, die einen Liebeszauber in seine Sandalen woben, verfing bei seiner sittlichen Strenge nicht: er hob das alte Kloster auf, das Adela, eine Tochter des Merowingerkönigs Dagobert, gegründet hatte. Es hieß, er habe die Wallfahrt nach dem heiligen Grabe unternommen, um diesen pietätlosen Eingriff zu sühnen. Wie alle Herrschernaturen, war er ein großer Bauherr; nicht nur die Simeonskirche gründete er, sondern richtete auch den von den Normannen zerstörten und seit langer Zeit wüstliegenden Dom wieder auf und erweiterte ihn nach Westen. Er starb nach einunddreißigjähriger Regierung, nachdem er drei Kaiser, Heinrich II., Konrad II. und Heinrich III. überlebt hatte, an einem Sonnenstich, der ihn traf, während er die Arbeiten am Dom überwachte.

Wiederum sah das 14. Jahrhundert zwei Gewaltige auf dem Stuhl zu Trier: Graf Baldewin von Luxemburg, den Bruder König Heinrichs VII., und Graf Kuno von Falkenstein. Baldewin, der seinen schwächeren Bruder zum König gemacht hatte, nutzte diesen Umstand aus, um das Bistum zu vergrößern und zu stärken; er wird als der eigentliche Begründer seiner Macht angesehen. Von ihm sagt die Limburger Chronik, daß er ein kleiner Mann sei und doch große Werke tue; von seinem Nachfolger Kuno von Falkenstein rühmt sie die große und starke Gestalt, den großen Kopf voll krauser Haare, das breite Gesicht mit den dicken Lippen und den Backen, die sich aufbliesen und zitterten, wenn er zornig wurde, was ihm, heißt es, herrlich angestanden habe. Trotz der Tatkraft und des zugreifenden Charakters dieser Erzbischöfe stand im selben Jahrhundert auch die Bürgerschaft in Blüte und Selbständigkeit. Gerade wie zur Römerzeit erzeugte der Weinbau und der Handel mit Wein und Tuch Reichtum, dessen Träger eine Anzahl bevorzugter Familien waren, der sich aber auch in der übrigen Bevölkerung verbreitete. Die besitzende Oberschicht fühlte sich dem erzbischöflichen Herrn gegenüber als eine Macht und wußte sich als solche zu behaupten, obwohl ihre Unabhängigkeit rechtlich nicht ganz gesichert war.

Noch verkündet das steinerne Kreuz auf dem Markte, daß Erzbischof Heinrich, ein Verwandter Ottos des Großen, den Markt begründete. Damals besaßen die Erzbischöfe die Münze und die Zölle, und die Gewalt des Königs in der Stadt beschränkte sich auf die hohe Gerichtsbarkeit, die ein königlicher Vogt ausübte;

dies Amt hatten die Pfalzgrafen bei Rhein inne. Nachdem diese ausgeschaltet waren, kam allerdings der Blutbann an den Erzbischof, der ihn durch Schultheiß und Schöffen ausübte; aber die Anwendung der peinlichen Frage stand nur dem Rat zu, und Verhaftungen durften innerhalb der Stadt nur durch den Zender vorgenommen werden, einen Beamten, der nicht dem Kurfürsten, sondern der Stadt zu schwören hatte; der Name schreibt sich von den alten Hundertschaften oder Zentschaften her, in die einstmals die Gaue eingeteilt waren. Nur die Schöffen, von denen fünf stets dem Rat angehörten, leisteten dem Kurfürsten den Eid, nicht aber Bürgermeister und Rat und die übrige Bürgerschaft. Die Bürger durften nicht besteuert werden, leisteten dem Kurfürsten nur freiwillige Abgaben, die Bewachung der Mauern stand dem Rat zu, er hatte eigene Gefängnisse, nahm Grafen und Herren als Edelbürger auf, schloß Bündnisse und führte Fehden. Nicht ohne ihre Rechte anerkannt zu haben, durfte der Erzbischof, der meist in Pfalzel, später in Ehrenbreitstein residierte, in die Stadt einziehen. So mochte sich Trier nicht mit Unrecht eine freie Stadt nennen; andererseits mußte sie eine kaiserliche Entscheidung gelten lassen, die sich für die Oberherrlichkeit der Kurfürsten aussprach, die ihrerseits geschichtlich begründet wurde. Als Kaiser Maximilian I. in Trier war, unterschrieb er eine Urkunde: »gegeben in Unserer und des Reichs Stadt Trier.« Als der Kurfürst, Richard von Greifenklau, dagegen Einsprache erhob, zog er diese Betitelung zurück.

So wie zwischen Fürst und Stadt, schwankten auch die Beziehungen zwischen den Geschlechtern, aus denen die Schöffenstellen besetzt wurden, und den Zünften. Die sogenannten vier großen Ämter, nämlich die Weber, Metzger, Bäcker und Gerber, hatten seit einem Aufstand im Beginn des 14. Jahrhunderts Anteil an der Verwaltung; übrigens wurden die Handwerker nur bei der Umlage von Steuern zugezogen. Diese Verfassung hielt sich bis zur Mitte des 15. Jahrhunderts, wo die Zünfte das Schöffenregiment stürzten und an die Stelle der Schöffenmeister, die bis dahin an der Spitze des Rates standen, zwei Bürgermeister traten, von denen einer aus den Schöffen, der andere aus den Zünften gewählt wurde. Gegenüber sechzehn Zunftvorstehern waren seitdem nur noch fünf Schöffen im Rat. Um diese Zeit starben auch viele von den alten Geschlechtern aus, andere gingen im Landadel auf. So verschwanden die Prandom, die von Guntreve, die von Dael, die von Oeren, die Tristant und Colinus.

Trotzdem mit diesen mächtigen Familien viel großartiger Unternehmungsgeist verlorenging und trotz des allgemeinen wirtschaftlichen Rückgangs, der mit dem Umschwung aller Verhältnisse zusammenhing, war die Stadt im Anfange des 16. Jahrhunderts noch kraftvoll und selbstbewußt. Auch bei den Zünften war Reichtum, namentlich bei den Webern, die ihr besonderes Ansehen davon ableiteten, daß sie in einer Türkenschlacht mit achttausend von ihnen gestellten Kriegern den Sieg entschieden. Eine neu eingerichtete Wasserleitung war ein Werk des Rates, und auch die Universität überließ der Kurfürst dem Rat gegen Zahlung von zweitausend Gulden. Um die Mitte des 16. Jahrhunderts hatte der Rat sogar den Mut, das Evangelium einzuführen und den Kampf um die Reichsunmittelbarkeit aufzunehmen.

In fast allen Städten fand die reformatorische Umwälzung zuerst in den Kreis der Handwerker Anklang, was sich aus dem Ernst ihrer Lebensauffassung, aber auch aus Eigennutz erklärt. Gerade das Zusammenfallen idealer und materieller Interessen kann eine Bewegung von unwiderstehlicher Kraft erzeugen. Auch in Trier war die Geistlichkeit wegen ihrer Sittenlosigkeit und Habsucht gehaßt und verachtet; daneben erbitterte die Handwerker, daß in einigen Klöstern zuwider den Zunftregeln Gewerbe betrieben wurden. Unter Führung ihres Zunftvorstehers stürmten die Weber ein adliges Frauenkloster und raubten die Weberwerkzeuge; sie sagten, es sei nicht billig, daß die armen Handwerker den Geistlichen Ehre und Reverenz bezeugen müßten, indes diese den verachteten Laien die Nahrung abschnitten. Der Rat seinerseits hatte ein Interesse daran, die Geistlichkeit, die sich an die bürgerlichen Pflichten, besonders das Steuerzahlen, nicht gebunden hielt, unter seine Botmäßigkeit zu bringen.

Zur Zeit, da Luther auftrat, regierte der Kurfürst Richard von Greifenklau, der erste Trierer Fürst im modernen Sinne. Auch der Babenberger Poppo, Baldewin von Luxemburg, Kuno von Falkenstein und andere suchten wohl möglichst viel Güter und Rechte an sich zu bringen; aber an eine gänzliche Entrechtung der Untertanen, an eine systematische Zentralisierung konnten sie bei dem kräftigen Widerstand, auf den sie stießen, bei ihrem Geldmangel, bei dem fließenden Auf und Ab aller Lebenskräfte und schließlich bei der Hochachtung vor erworbenen Rechten, die im ganzen doch bestand, nicht denken. Greifenklau unterdrückte mit furchtbarer Strenge die Bauernunruhen in seinem Gebiet; in Trier blieb alles ruhig. Ein Menschenalter später würde Sickingen Anhang gefunden haben; damals wiesen die Bürger seine Mahnung zum Anschluß zurück und bekämpften ihn an der Seite des Kurfürsten. Erst später breitete sich der reformatorische Gedanke in Trier aus. Seine vornehmsten Vertreter waren Johann Stuyß oder Steuß, Peter Sirk und Otto Seel, alle drei Schöffen und des Rats. Johann Steuß war seit 1553 ununterbrochen Bürgermeister, sein Bruder Peter saß als Weberzunftmeister im Rat, von seinen vier Söhnen hatte einer studiert. Peter Sirk, der später als Rädelsführer galt, war gleichfalls Bürgermeister gewesen. Der Einfluß dieser bedeutenden Männer wurde verstärkt durch das Auftreten eines aus der Bürgerschaft hervorgegangenen Reformators, des Kasper Olevianus, eines Sohnes Gerhards von der Olevig, der als Zunftmeister der Bäcker des Rats war. Als Zunftmeister der Metzger war sein mütterlicher Großvater Anton Sinzig Ratsgenosse, der sich ganz besonders die Erziehung des Enkels angelegen sein ließ. Von seinen Brüdern war einer Goldschmied, einer studierte Medizin, er selbst war für das Studium der Rechte bestimmt. Vierzehnjährig wurde er nach Paris an die Sorbonne geschickt, von da ging er nach Orleans und Bourges, wo ihm ein Erlebnis zum Schicksal wurde. Er befreundete sich mit dem Hofmeister eines jungen Pfalzgrafen, der in Bourges studierte, und geriet dadurch in den Kreis von jungen Leuten, die sich um den Prinzen sammelten. Eines Tages beredeten ein paar adlige deutsche Studenten, die etwas angetrunken waren, den Pfalzgrafen zu einer Kahnfahrt und trieben solchen Mutwillen, daß das Boot umschlug und die Insassen ins Wasser fielen. Kaspar Olevianus, der nicht mitgefahren war und am Ufer stand, sprang ins Wasser, um zu retten, wäre aber selbst umgekommen, wenn ihn nicht ein Diener des Pfalzgrafen, der ihn für seinen Herrn hielt, aus den Wellen gezogen hätte. Alle andern ertranken. In dieser Not tat er das Gelübde, er wolle, wenn er davonkomme und dazu berufen sei, in seinem Vaterlande das Evangelium predigen. Wie es Luther und anderen begegnete, wühlte die plötzliche Berührung des Todes, des heiligsten und grauenvollsten Mysteriums, die verborgenen Triebe seiner Seele auf. Er wandte sich dem Studium der Theologie zu, ging in die Schweiz und lernte die dortigen Reformatoren kennen, Calvin, Theodor Beza, Petrus Martyr, Bullinger, die starken Einfluß auf ihn gewannen und sein Vorhaben billigten. Als er sich in Trier um die Stelle eines Lehrers der Philosophie bewarb mit der Absicht, das Evangelium zu predigen, wurde sie ihm gern gewährt. Der Lehrer der Universität war damit einverstanden, daß Olevianus in der Burse die Bibel auslegte; denn die Geistlichen, sagte er, hätten solchen Unterricht nötig. Der Dreiundzwanzigjährige begann nun deutsch zu predigen und hatte bald eine Menge Zuhörer, die zum Teil schon im Inneren für die neue Lehre vorbereitet waren. Andere indessen fürchteten die Unzufriedenheit des Erzbischofs, und in der Tat wurde die Geistlichkeit auf die drohende Gefahr aufmerksam. Im Rat waren die Ansichten geteilt, die angesehensten Zünfte, nämlich die Weber, Schneider und Goldschmiede, stimmten dafür, daß der junge Geistliche fortfahre, deutsch zu predigen. Kurfürst war damals Johann von der Leyen, äußerlich unansehnlich, aber zielbewußt und tatkräftig. Er hatte die Priesterweihe nicht empfangen und pflegte zu betonen, daß er nicht wegen des Glaubens streite, sondern es auf Wahrung der landesherrlichen Rechte absehe. Von den evangelisch gesinnten Schöffen erklärte Otto Seel freimütig, daß er an seinem Glauben festhalte, Johann Pisport sagte, er habe Olevianus predigen hören, gehe aber auch in den Dom, er beanspruche das Recht, selbst wenn ein Gaukler käme, ihn zu hören. Sie wurden vom Amt suspendiert, protestierten aber und fuhren fort, in den Rat zu gehen. Ebenso predigte Olevianus trotz Verbots weiter in deutscher Sprache vor vielen Zuhörern; damals war beinah der dritte Teil der Bevölkerung evangelisch. Als der Kurfürst erschien, um nach seinem Sinne Ordnung zu schaffen, wurde er ehrfurchtsvoll empfangen; Verhandlungen wurden angeknüpft, die zu keinem Ziele führten, da beide Teile auf ihrem Willen beharrten. Die Frage wurde dadurch zu einer politischen, daß die Evangelischen naturgemäß anstreben mußten, Trier als Reichsstadt aufgefaßt zu sehen, da nach einer Reichstagsverordnung nur die Reichsstädte das Recht hatten, über die Religion in ihrem Gebiet zu bestimmen. Obwohl die Altgläubigen nicht aus demselben Grunde Interesse an der Reichsunmittelbarkeit hatten, waren sie doch in diesem Punkte mit den Evangelischen einverstanden, so daß es nicht leicht war, die beiden Parteien zu trennen, um so mehr, als der Kurfürst selbst auf das Politische Gewicht legte. Beide Teile wandten sich, auf allerlei Beweisstücke gestützt, an den Kaiser; Rudolf II. hat schließlich die Ansprüche der Stadt, an denen sie auch nach der Unterdrückung der reformatorischen Bewegung noch festhielt, endgültig zurückgewiesen.

Das Schicksal der trierischen Protestanten hätte sich vermutlich schlimmer gestaltet, wenn nicht der Kurfürst von der Pfalz für sie eingetreten wäre; so erlitten sie keine Leibesstrafen, mußten aber die Heimat verlassen. Viele begaben sich nach Zweibrücken, andere nach Trabach an der Mosel. Kaspar Olevianus wurde Lehrer an der Hochschule von Heidelberg, dann, als Calvinist von dort vertrieben, an der Hochschule von Herborn, wo er im Jahre 1587 starb.

Wie überall, so waren es auch in Trier gerade die angesehenen, reichen, gebildeten, charaktervollen Bürger, die um des Glaubens willen auswanderten, ein Verlust, der den vielfach begründeten Niedergang des Gemeinwesens um so eklatanter machte. Der Verfall der Kultur, der eintrat, fand in zahllosen Hexenbränden seinen gräßlichen Ausdruck. Nirgends, nicht einmal in Würzburg, Köln oder Bamberg, hat diese Wut gehaust wie in Trier. In sieben Jahren wurden in den Gemeinden um Trier, die Opfer der Stadt nicht gerechnet, dreihundertachtundsechzig Personen verbrannt. Johann VII. von Schönburg war der Kurfürst, der sich mit besonderem Eifer der Ausrottung der Hexen widmete, deren Bosheit er sein eigenes körperliches Leiden zuschrieb. Es sollen damals in zwei Dörfern alle Frauen bis auf zwei verbrannt worden sein. Indessen hat Trier auch einen Mann hervorgebracht, der den Wahn als solchen durchschaute und bekämpfte und dafür den Märtyrertod erlitt: es war Dietrich Flade, ein angesehener, wohlhabender Mann, Schultheiß, kurfürstlicher Rat und Rektor der Universität. Einen verhaßten Gegner zu verderben, war damals nicht schwer, da den Angeklagten jede beliebige Aussage durch die Folter erpreßt werden konnte: so war denn Flade von verschiedenen Hexen auf einem feurigen Pferde beim Hexentanz gesehen worden und wurde insbesondere der Herbeiführung einer Schneckenplage beschuldigt. Vergebens versuchte er sich durch Flucht der Rache seiner Gegner zu entziehen; er wurde zurückgebracht und gerichtet, als Mann in hohen Stellungen nicht verbrannt, sondern stranguliert. Er ging auf seinen Wunsch zu Fuß zum Gerichtsplatz und hielt mit fester Stimme eine Ansprache, bevor er starb. Etwa ein Menschenalter später starb in Trier der unglückliche Spee, dessen Haar der Anblick der Qualen unschuldiger Frauen in Würzburg gebleicht hatte. Er starb an einer typhösen Krankheit, die er sich bei der Pflege verwundeter Soldaten zugezogen hatte, und wurde in der Jesuitenkirche beigesetzt. Der Orden, der sich die wissenschaftliche Begründung des Hexenbrennens hatte angelegen sein lassen, hätte wohl seinem edelsten Mitgliede diese Ruhestätte nicht gegönnt, wenn er das Buch gekannt hätte, das Spee zum Schutze der Verfolgten schrieb, auf dem er aber aus berechtigter Furcht vor Rache seinen Namen nicht genannt hatte.

Wie man sich dazu stellen mag, es leuchtet ein, daß die Woge der Reformation den Katholizismus des zweiten Rom nicht umwerfen konnte. Zu fest waren die Hauptstädte der geistlichen Kurfürsten und Kanzler mit dem alten Glauben verwachsen, nicht zum wenigsten Trier, die Stadt des Konstantin, der das Christentum als die Religion des Siegers und der Herrschaft ergriffen hatte. Trier war stolz auf seine erstaunlichen Reliquien; besaß es doch einen Nagel vom Kreuz Christi und den ungenähten Rock des Erlösers, den die heilige Helena, wie man annahm, aus Jerusalem mitgebracht hatte. Maximilian I., der Interesse an Altertümern und Lust an festlichen Aufzügen hatte, veranlaßte im Jahre 1512, als er sich gelegentlich eines Reichstages in Trier aufhielt, die Ausstellung des Rockes, die seitdem in gewissen Zeitabständen wiederholt wurde. Die Ausstellung des Jahres 1844, als schon die Schauer der Revolution durch Deutschland gingen, hatte die Gründung der deutsch-katholischen Kirche zur Folge.

Der Geist des Römertums hat in Trier so stark geherrscht und sich auch äußerlich ausgeprägt, daß das germanische Volkstum trotz reichen Lebens einen gleichwertigen Ausdruck nicht entgegensetzen konnte. Die Gangolfskirche, die eigentliche Stadtpfarrkirche, ist sehr schlicht, und das wertvollste Kunstwerk, das sie enthält, ist ein sehr reizvolles, in Holz geschnitztes Bild des

Erzbischofs Baldewin, des Gegners bürgerlicher Freiheit. Der Gangolfturm jedoch, dessen Kraftgestalt den Markt beherrscht, verdankt sein Entstehen einer Frau, die aus der Bürgerschaft hervorgegangen und mit ihren Leiden, Freuden und Irrtümern eng verknüpft ist. Adelheid von Besselich, die Tochter des Stadtschreibers, wurde durch ihre Heirat mit dem jungen Metzgermeister Clas van Zerf in ein unruhiges Leben hineingerissen. Das Handwerk, namentlich die vier großen Ämter, zu denen die Metzger gehörten, war damals so geachtet, daß die Verbindung nicht etwa als ein Herabsteigen aufzufassen ist; aber der unbesonnene, unverträgliche und heftige Charakter des Gatten wurde zu einer Quelle des Unglücks. Zuerst vergeudete er in sinnloser Tollheit sein Vermögen, so daß die Familie und der alles überwachende Rat einschritten und ihn eine Zeitlang gefangenhielten. Daher schrieb sich vermutlich sein Groll gegen die Stadt, den er mehrmals äußerte. Er wurde einmal in Trier, einmal in Paris, wohin er als Soldat unter Karl dem Kühnen gekommen war, meineidig, indem er gegebenem Versprechen zuwider aus seiner Gefangenschaft entwich. Zwar kam er wieder als Schöffe in den Rat, wurde aber wegen verächtlicher Äußerungen gegen seine Genossen ausgestoßen, vielleicht auch, weil er dem Kurfürsten den Inhalt von Ratsverhandlungen hinterbracht hatte. In einem Prozeß, der sich daran knüpfte, wurde er zu einer großen Zahlung verurteilt, die er zu leisten versprach, aber nicht leistete, vielmehr verließ er fluchtartig die Heimat und ging nach Metz, wo er Bürger wurde. Er soll den Herzog von Lothringen gegen die ihm verhaßt gewordene Vaterstadt aufzuhetzen versucht haben. In allen diesen Verwicklungen und Mißhelligkeiten hielt Adelheid zu ihrem Manne, ja sie soll in der Parteinahme für ihn so weit gegangen sein, daß sie die Zünfte mit Geld beschenkte, um sie gegen den Rat zu stimmen. Da er im Trotz verharrte, wurde sein großes Vermögen eingezogen, wogegen er bei Kaiser und Papst appellierte. Bevor die Sache zur Entscheidung kam, starb Clas van Zerf. Mit seiner Person fiel fort, was Adelheid von Besselich von ihrem Vaterlande getrennt hatte: sie kehrte mit seiner Leiche nach Trier zurück und erhielt ihr Vermögen zugesprochen, nachdem sie sich mit dem Rat verständigt hatte. Seit dieser Zeit, es war im Jahr 1494, hat sie ihre Heimat so mit Schenkungen und Wohltaten überhäuft, wie es trotz der großartigen Freigebigkeit mittelalterlicher Patrizier nicht oft vorgekommen ist. Vielleicht wollte sie durch Vergabungen die Verfehlungen ihres Mannes vor Gott und den Menschen gutmachen; vielleicht auch war es ihr erst jetzt möglich, ihrem Herzen zu folgen, während zu Lebzeiten ihres Mannes ihre Hand gebunden war.

Die Erbauung des Turmes von Sankt Gangolf war ein Geschenk an die Stadt; mehr noch teilte sie sämtlichen Kirchen aus. An die zwölf Säulen, die das Gewölbe der Liebfrauenkirche tragen, ließ sie Apostelfiguren malen, die in der Neuzeit wieder aufgedeckt sind; zu Füßen eines derselben sind Clas und Adelheid als Stifter kniend dargestellt. Sie schenkte Schreine für Reliquien, Leuchter und andere Kunstwerke, sie bestimmte Einkünfte dazu, den Gottesdienst reicher zu gestalten, sie ließ gute Wege für die Prozessionen bauen. Für die Armen waren zur Winterszeit mehrere Öfen in ihrem Hause geheizt, wo sie auch Brot und Kleidung empfingen. Von den Stiftungen, die auf unsere Zeit gekommen sind, ist wohl die schönste die große steinerne Kreuzigungsgruppe, die sie vor der von den Franzosen im Jahre 1803 niedergelegten Marienkirche an der Mosel errichten ließ und die noch dort steht.

Das Andenken der Frau mit dem leidenschaftlichen Herzen und den gebeseligen Händen ist in der Stadt der Liebfrauenkirche in guter Hut. Die Ehrfurcht der Germanen vor dem Göttlichen im Weibe hat in dieser Kirche ein Denkmal voll Holdseligkeit und hoher Würde geschaffen, wo der Gläubige in seinem Gebet auch der frommen Tochter Triers gedenken mag.

HEILIGES LAND

Eugenio Pacelli (Pius XII.)

1927

Trierer Land ist heiliges Land. Ich grüße es als die Eingangspforte des Evangeliums Jesu Christi auf dem Boden des heutigen Deutschlands, als den Ort, wo die milde und gütige Sonne des Glaubens zu leuchten begann, da über den Wäldern Germaniens noch das drückende Dunkel des Heidentums lastete. Ich grüße Trier als den ältesten Bischofssitz auf deutscher Erde, dessen erste Inhaber die Überlieferung unter den Schülern der Apostel sucht, unter deren Nachfolgern zahlreiche Namen sich für immer ruhmreich in die Tafeln der Geschichte eingetragen haben. Ich neige mich in Ehrfurcht vor einer Stätte, die durch die Gegenwart eines Athanasius, eines Ambrosius, eines Hieronymus geweiht ist, über die, wie die Überlieferung kündet, der mit sich und der Gnade ringende Feuergeist eines Augustinus in seinen Wander- und Jugendjahren geschritten ist. Und ich empfinde es als eine besondere Gnadenfügung der Vorsehung, daß gerade Trier, die Erstlingswiege des christlichen Gedankens auf deutschem Boden, zur Heimstätte des einzigen Apostelgrabes nördlich der Alpen geworden ist.

FAHRT DURCH NACHT UND ZEIT

Benno Reifenberg

1941

Die Leute meinten, gestern habe der Zug an der gleichen Stelle auch zwei Stunden gehalten. Ich hauchte die Fensterscheibe auf und spähte zwischen den Eisblumen durch das

Guckloch. Es war völlig Nacht geworden. Nicht allzuweit glühte eines der offenen Kohlenbecken, mit denen man an den Rangierbahnhöfen die Wasserleitung auftaut. Im Wagen war es still, man hörte unsere Lokomotive gleichmäßig stöhnen. Der Soldat mir gegenüber kannte sich aus: Wir hätten Ehrang passiert, auch die Moselbrücke hinter Pfalzel, es sei nicht weit zur Landstraße, die nach Trier hinein führe, zwei Kilometer, und man erreiche, wenn man Glück hätte, den Omnibus. Zum Teufel, dieses Warten. Er stemmte sich in die Ecke und versuchte zu schlafen. Ich schaute ins Dunkel. Gott sei Dank, daß geheizt war, meine Atemspur am Fenster war schon wieder von neuen Eisblumen überzogen. Mir fiel ein, daß in Pfalzel die Geschichte der Genoveva gespielt hat: der böse Golo, die arme Verleumdete, die Höhle im Wald, die Hirschkuh, die den Kleinen nährt. Aus finsteren Jahrhunderten geboren blieb den Kindern in der Legende das Freundlichste: das Bild der helfenden Natur. Vergiß das Böse, behalte das Gute – es war nicht immer leicht, den Satz wahrzumachen. Der Soldat beugte sich vor und flüsterte mir zu: »Ich halte das Warten nicht mehr aus!« Ob ich ihm sein Gepäck die Böschung hinunterreichen wolle, er schlüge sich jetzt querfeldein nach Trier. »Der Schnee macht hell genug«, versicherte er. Als wir die Tür öffneten, kam das heisere Dampfsignal durch die Nacht. Die Drähte klirrten. »Grün!« rief der Soldat. Er schwang sich wieder aufs Trittbrett. In diesem Augenblick fuhr der Zug an.

Im Hotel saß ich allein an der Abendtafel. F. war wohl von Brüssel nicht durchgekommen. Auf eine Flasche St. Emilion als Partner angewiesen, hatte ich die Zeit, die Reise hierher zu überdenken; den uralten Straßen der Flußtäler entlang, main- und rheinabwärts, dann moselauf. Auf dem Dreieck, wo im Anblick von Ehrenbreitstein die Mosel so dramatisch ihr Ende findet, dort am Zusammenfluß, Koblenz-Confluentes, waren die Himmelsrichtungen wie Verlockungen gewesen: Nordwärts nach

Köln und den Niederlanden zu, oder drüben nach Westen, vor dem die alte Brücke ihre stämmigen Bogen spannte. Später aber, im Zug, mußte ich immer wieder statt auf die Landschaft in das Gesicht der alten Frau blicken, in die Ferne, die darin sichtbar war, in den Abstand zur Welt. Die Augenbrauen waren hochgezogen und so erstarrt; die dünn gespannte Haut über den Schläfen trug Runzeln, die so lesbar und so geheimnisreich schienen wie Linien in der Hand. Sie bat mich, ihr den Koffer zu reichen, stand, nachdem wir den Tunnel durchquert hatten, neben mir im Gang. »Das ist Aldegund«, sagte sie, der Name klang wie von einer Glocke angeschlagen; dann rief man »Bullay« aus. Sie müßte noch auf die andere Seite nach Alf. »Lieber Herr, im Alter reist man nicht mehr gerne«, sie nahm den Koffer, und ich entdeckte, wo einmal früher auf diesem Gesicht das Lächeln geblüht hatte ... Ich trank meinen Roten und dachte an das Wort von Jakob Burckhardt: »Mit vierzig Jahren muß man wissen, wo man stirbt.« Die Alte hatte es gewußt. Sie wird anders als ich auf den Fluß schauen. Nicht unruhig, den Booten nach in die Ferne wittern, sondern gleichmütig. Fluß wie Ufer binden so die vorübergleitende Zeit:

»... wenn dem schattigen Ufer der graugrüne Fluß die Antwort gibt, scheinen seine Breiten sich zu belauben und das Wasser vom Weinstock bepflanzt.«

Er hatte gut beobachtet, dieser römische Prinzenerzieher in Trier, der die Mosel besang. Das Wunder des Spiegelbildes gilt auch heute. Ich hörte noch das singende »Lieber Herr«, leerte mein Glas auf Ausonius den Poeten und die Alte von Alf und ging schlafen.

In dem etwas feierlichen Frühstückssaal erschien am Morgen F., er hatte bis zwei Uhr nachts in Luxemburg gelegen und im Wartesaal mit zwei Lokomotivführern Skat gespielt. Er war schon längst munter, tadellos rasiert, hatte sich in die Regeldetri der Lebensmittelkarten einweihen lassen und brannte darauf, mir Trier zu zeigen. In Wahrheit wollte er die Kindheit wieder aufsuchen, die er hier verlebt. Wir liefen also, nicht nach den Monumenten, sondern auf den Wegen des kleinen F. Wenn wir dem Ostwind ausweichen konnten, waren wir heilfroh, so eisig schnitt er ins Gesicht. F. behauptete zwar, spezifisch trierische Kindergesichter wiederzuentdecken, während ich nur rotnäsige, mit kräftigen Stimmen begabte Wesen wahrnahm, die auch in Frankfurter Gassen hätten herumlaufen können. Hier also zeigte sich das großväterliche Haus, am kleinen Platz den Winkel einnehmend, Behagen ausströmend, zweigeschossig. F. hätte nach all den Jahren hier mit geschlossenen Augen gehen können, er lief den alten Richtungen nach ... Ich folgte und träumte mit. Die Häuser ragten wie im süßen Schlaf aus der Vergangenheit ins Heute. Zuweilen waren im Erdgeschoß Läden eingebrochen, aber in den schmalen Straßen schienen doch die flüchtigen Stimmen von einst aufbewahrt. Das Gewachsene, in Jahrhunderten Gereifte war unberührt, von Nerv erhalten.

Inzwischen standen wir im Hof eines stattlichen Hauses, das, gänzlich verlassen, irgendwo noch einen Bekannten von F. bergen sollte. Eine dreiflügelige Glastür schloß innen die braungetäfelte Diele ab. Unten stand alles leer, die Türen im Erdgeschoß waren zu, so daß auf dem dunklen Grund das Glas rätselhaft funkelte. In der Nische habe früher eine Antike gestanden, flüsterte F., ehe er die Treppe hinauflief. Früher mußte man lautlos auf schweren Teppichen hier gegangen sein, mußte das Holz poliert, die Glastür makellos abgeledert gewesen sein. Ich ging wieder auf den Hof, wo ein hölzerner Pferdekopf den Seitenbau als ehemalige Stallung kennzeichnete. »Wissen Sie«, sagte ich zu F., der nachdenklicher sich wieder eingefunden hatte, »Ihre Erinnerungen sind auch für mich, den Fremden, ein richtiger Zugang. Das ist ein guter Weg, ein paar Baulichkeiten sich wirklich verständlich zu machen, vom Leben ihrer Bewohner her, und von da aus auf den Fond des Ganzen zu stoßen.« – »Ja, man muß sich den Traum hinabgleiten lassen, und wenn man dazu noch den Gang der Geschichte begreift, dann wird einem das klar: die Qualitas, das Unverwechselbare eines Ortes. Aber jetzt müssen Sie mein Gymnasium sehen.«

Zunächst verirrten wir uns, weil da irgendwo eine Mauer niedergelegt war und die alten Höfe ineinanderflossen, aber dann standen wir unversehens in einem engen Gang, der von einem riesigen vierkantigen Klotz überschattet war. Wohl eine Garage, dachte ich, doch fielen mir die Lagen von Ziegelsteinen auf, die als rostige Bänder die Schichten von Kalkstein durchquerten. Es war ein römischer Bau, der da wild und ungemein drohend über alles barocke Behagen hochragte. Das sah eher nach Mucius Scaevola aus als nach den späten Kaisern. »Glauben Sie nur nicht, wir wären ausgekochte Lateiner geworden«, lachte F., »um den Kasten da haben wir uns gar nicht gekümmert.«

In der Weinstube, die mit einer Bäckerei verbunden ist, wo es die ausgezeichneten Salzstangen gibt, meinte dann F., nach so langer Zeit schienen ihm die Stätten der Kindheit beim Wiedersehen kleiner geworden; eingeschrumpft, als sähe man durch ein umgekehrtes Opernglas. »Vielleicht, weil ich selbst größer geworden bin; es ist der Augenblick nie wieder zu erhaschen, es gibt keinen Maßstab für die Zeit, die nicht umkehrbar abläuft.« Mir ging es in dieser Stadt geradeso. Ihre Schichten durchdringen sich; unter den römischen Bauten stößt man auf keltische, germanische Spuren, der mittelalterliche Dom steht auf Ziegeln der Römer; vier Meter unter der heutigen Erdoberfläche findet man noch alte Straßen, bis zu zehn übereinander hat die archäologische Hand seziert. An der Mosel gibt es nur zwei Uferstellen, an denen Städte entstehen konnten, bei Metz und Trier. Von Trier aus ist einmal Europa regiert worden; hier läßt sich spüren, wie jung das Gotische in Erscheinung getreten ist. In einer seltsamen Umkehrung hatten wir so gegenüber dem schönen, wie ein Cellorücken gewölbten Haus aus dem 18. Jahrhundert in der Simeonstraße die jetzt wieder freigelegte gotische Hausfront als frisches, schlankes Wesen empfunden. Was die Gründerjahre, dieses unselige Provisorium angeht, so waren da, gemessen am Früheren, nur Hütten entstanden. F. zitierte Stefan George zu solchen Hausungen im Anblick der eingerammten Wucht der Porta Nigra: »Daneben hingewühlt Barbarenhöhlen.« Aber, meinte dann F., was vom Großvater her noch in seine eigene Kindheit geragt war, das Gepflegte, Behütete des Provinzdaseins, seine natürliche Verbindung zum Land, die gute Küche, eigene Weine, die gefederte Kutsche, die hellfenstrigen Häuser, nach den Gärten zu sich erschließend, dieses lebensfreudige Bürgertum – das wurzelte tief. Das hätte er sogar gegen die römische Kaiserstadt nicht eintauschen mögen. »Am Ende«, meinte ich, »überdauert die Landschaft alles, diese ›Bucht von Trier‹. Noch aus jeder Gasse sah ich die Hügel ringsum, den Hang hinauf weinbestanden, oben kahl oder mit leichten Gehölzen, den Himmel grenzen. Als wir drüben auf dem Ufer hinter der Napoleons-Brücke aufstiegen, gab ich Ihnen recht, daß der kolossale Block der Basilika sogar den Dom zur Seite schiebt und herrisch überragt – aber schließlich steht doch am lebhaftesten vor meinen Augen dieser glühende Sandstein, der zwischen dem verschneiten Gebüsch aufleuchtete.« Wie der Wein mit Sonnenhilfe aus dem verborgenen Stein die Würze zieht, so stelle ich mir dies geheimnisreiche Stadtwesen vor; in der Senke an der Mosel, hügelumrandet, Geschichte kelternd.

Gegen Abend wollte F. seinen alten Klavierlehrer ausfindig machen, der hinter dem Dom gehaust hatte, in einem der zwischen Mauern und Gärten dahinsinnenden Rokokohäuser. Wir liefen um die Kirche, um ihre gewaltigen Gelenke nach römischen Maßen, und versanken gleich in diesen stillen, nachdenklichen Sträßchen. Man ahnte, daß die Sonne hier im Sommer wie in

Steintrögen kochen mußte, vermutet hinter den Mauern Spalierobst, mit genußreicher Hand gezüchtet, die Weine mit Kennerschaft in den Gewölben gelagert. Da also war das Haus, F. suchte an den Türschildern den Namen und fand ihn nicht. Es wäre ja auch wunderlich gewesen, wenn der damals schon Alte noch heute nach vierzig Jahren gelebt haben würde. Aber für F. schien die Zeit stillgestanden. Er staunte betroffen auf das Haus: »Da, links, in der Stube. Ich sehe die Noten noch vor mir. Diabelli. Man mußte den Handrücken so still halten, daß ein draufgelegter Taler nicht herunterfiel.« Wir kamen zum Markt, ich ging in die Dombäckerei und kaufte Printen ein; diese stumpfen braunen Platten, scharf und würzig, mit dem Geschmack nach Pfifferlingen, hielt ich für ein autochthones Gebäck. An der Ecke zum Dom traf ich F. Er wies auf den Südturm, wo über der Uhr eine goldene Inschrift im westlichen Licht glänzte: »Nescitis qua hora dominus veniet«. Es wurde rasch dunkel. »Nescitis... « wiederholte F.

Am andern Morgen, ehe wir Abschied nahmen, versuchten wir noch einmal, uns der Augusta Treverorum zu nähern. Wir krochen in den Heizungsanlagen der Thermen umher, der Efeu, der alles überwuchert, raschelte in dem eisigen Ostwind. Wir versuchten, uns die Herren vom Hofe vorzustellen, die sorgfältig gepflegte Haut, das Raffinement der Bäderfolge, die dampfenden Tücher, das Ausruhen in lauen, schöngekachelten Liegehallen. Aber uns fehlte die Geduld der Archäologen, wir sahen gleich die Schatten der Völkerwanderung, das andere Licht, das dann in den dunklen Jahrhunderten zu leuchten begann; aus den lastenden Halbrundungen der Römer stieg schmal die Kehle des Spitzbogens empor. Die Basilika war zu, wir suchten vergebens nach dem Küster. Im rückwärtigen Trakt des ehemaligen kurfürstlichen Palais, das sich so frech vor die römische Riesenhalle schiebt – und doch von ihr wie von einem Gebirge überwuchtet wird –, war zur Seite ein Zimmer aufgebrochen; der Boden aufgerissen. Augenscheinlich wurden Leitungen gelegt. Neugierig schauten wir hinein und prallten zurück: die flachen Ziegelplatten, die in der rechten Wand sichtbar wurden, mußten der Basilika angehören. Die Axt hatte ihnen die innere Farbe bloßgelegt – lachsrot schimmerte es durch den Mörtel und Staub. Wir hatten Lust, die offene Stelle anzurühren, als könnten wir jene Hände fassen, die vor einundeinhalb Jahrtausenden diesen Lehm kneteten, als hätten wir ihnen auf diese Art sagen können, die Erde hier an der Mosel sei die gleiche geblieben, schweigend, fruchtbar, duldend in bösen und guten Zeiten.

Im Tunnel nach Cochem rief das kleine Mädchen: »Vati, dauert es lange?« Der Zug hatte kein Licht, aber man spürte, wie der Urlauber das Mädchen fester an sich nahm. »Nur eine Weile«, beschwichtigte er. Dann kam das Stimmchen wieder: »Eine kleine Weile?« – »Ja«, sagte der Mann, »eine kleine Weile.« Polternd brach der Zug durchs Dunkel. »Vati, eine ganz kleine Weile?« Und wieder tröstete es durch die Nacht: »Eine ganz kleine Weile, mein Kind.«

ZUFLUCHT DER RÖMISCHEN ADLER

Alfons Paquet

1942

Wissen ist lieben. – Man darf diesen Ausspruch des Johannes Trithemius getrost auf die Mosel selber beziehen, die immer lieblicher wird, je mehr man sie kennt. Schiefergrau und Grün bleiben die Grundfarben ihres Tales. Das Ursprüngliche verwischt sich nirgends. Mag der Gast am groben Tisch der Dorfwirtschaft beim Glase sitzen oder an den spiegelblanken runden Tafeln des Trierer Kasinos, immer glaubt er den Zipfel eines Wunders zu fassen.

Das großartigste Gebilde der Mosellandschaft freilich ist die Stadt Trier. Wie paßt doch der schwarze Torso der Porta Nigra zu dem mit allen Gemüsen und Obstsorten des Sommers bunt beladenen Hauptmarkt, und dieser wieder zu seinem gotischen Eckhaus, der Steipe. Zwischen engen, von Wehrtürmen bewachten Gassen der inneren Stadt führt die belebteste Straße zu den Bastionen der vielgebogenen, römischen Moselbrücke. Aus den Weinbergen, Gärten und grasbewachsenen Trümmerfeldern des Vorortes Pallien reichen viele Pfade zu der fernsichtigen Höhe der Mariensäule hinauf. Dort entfaltet sich dann in steilen Rändern das große Panorama. Die Stadt dehnt sich im Talbecken.

Gerade an diesem Punkte zwischen Germanien und Gallien, fern den Bürgerkriegen des Südlandes, weit nördlich der Alpen, gedachte ein neuer Aeneas ein zweites Rom zu bauen, den Ehrgeiz der Cäsaren noch einmal zu verwirklichen. Und in der Tat, vom trierischen Hofe gingen Bewegungen, große Männer über das Weltreich, Feldherren wie Theodosius, der in Britannien und Afrika die römische Herrschaft neu befestigte. In der vom Flußtal geschützten und von ihm zugleich geöffneten Umgebung fanden die römischen Adler eine Zuflucht.

Die Ruinen der Kaiserthermen stehen da wie die Reste einer Hagia Sophia. Ihre hohen Wände, ihre Gewölbe und Tunnel, ihre grasbewachsenen Fußböden und Heizkammern gehören anderen Raumvorstellungen an als denen unserer Welt. Schafe weiden bei umgestürzten Säulen. Manches erinnert an alte Bilder der römischen Campagna. Das Trierer Amphitheater war der Schauplatz jener wilden und farbigen Szenen, die als Mosaiken den Estrich der Villen an der Mosel, an den Abhängen der Eifel und des Hunsrücks schmückten. Längst sind die Abhänge dieses Kolosseums zu Weingärten geworden, der Kampfplatz

In den unterirdischen Bedienungsgängen der Thermen. Sie führten zu den Feuerstellen und nahmen Wasserkanäle auf

ist in eine Wiese verwandelt. Dort, wo das Ochsengespann die Ernte des Landmannes hinwegfährt, steigt der Besucher in unterirdische Zwinger hinab, in denen sich einst der Auftritt von Löwen und Bären, Gladiatoren und Schauspielern vorbereitete. Im eiförmigen Rund sind die Stufen und Zugänge noch zu erkennen. Die Ränge der Arena genügten, um den Zehntausenden einer volkreichen Hauptstadt Raum zu geben.

Noch zeigt die Basilika von Trier, unter Konstantin dem Großen erbaut, ihre unversehrten Backsteinmauern, die nur zu einem Teil in die Anlage des barocken kurfürstlichen Palastes einbezogen werden konnten. Wie ein Stück modernster Architektur ragt das rötliche Bauwerk am weiten Platz vor dem jetzt unbewohnten Schloß. Dort war der Anfang des Forums und der Via Sacra, die vor anderthalb Jahrtausenden in Asche sank. Ganz in der Nähe steht auf uralten Mauern der Dom, dessen Schatzkammern den Heiligen Rock bewahren.

Wie der Apostel Jakobus in Spanien, Andreas in Griechenland, Petrus in Rom und ein anderer in Indien, so soll der Apostel Matthias in Trier sein Grab gefunden haben. Den Besucher der Moselstadt umweht ein Hauch rätselhafter Dinge.

Die Abgründigkeit und Gedrängtheit dieser Stadt und ihrer Umgebung beschäftigen den Scharfsinn der Spatenforschung. Jedes Jahr fördert aus den Erdschichten alte Baureste und seltene, frühgeschichtliche Dinge zutage. Verstümmelte Götterbilder, steinerne Denkmäler sind in den Hallen des Museums versammelt. Kostbare Mosaiken aus heizbaren Bädern, Amphoren aus alten geräumigen Weinkellern stehen zur Schau. In Glasschränken liegen von grüner Patina bezogene bronzene Gewandspangen neben rostigen Schwertern. Die Bibliothek bewahrt in ihrem langgestreckten Gewölbe zahllose Bücher, darunter die mit Purpur und Gold ausgemalten Handschriften aus karolingischer und merowingischer Zeit.

In den Alltag unserer stürmischen Welt ragen nur noch spärliche Spuren eines Geschehens, dessen Fluten einmal hoch gestiegen waren, um dennoch nichts zurückzulassen als dürftige Klippen und den Nachhall eines gelebten, strotzenden Lebens. Aus den in Flammen aufgegangenen, aus dem Schutt nie wieder aufgebauten Palästen zog der Kaisergedanke in das Gemüt der fränkischen Eroberer. In der Namensliste der Bischöfe von Trier, der längsten in Deutschland, hat es Kurfürsten und Erzbischöfe, Kanzler von Burgund gegeben, die bereit schienen, die Glorie ihrer Landesherrschaft den ganzen Moselfluß hinab bis über den Rhein auszudehnen und die Mosel aufwärts weit nach Gallien hinein. Es waren Seelenhirten, die ihr Streben nach Macht mit dem Ehrgeiz ihrer Verwandten, der Grafen und Kaiser aus luxemburgischem Stamme vereinigten, ferne Nachkommen Karls des Großen, Königswähler, bei allen Konzilien, Kaiserkrönungen und großen Schauspielen im Heiligen Römischen Reich zu finden, als längst in den Rängen des Amphitheaters ihrer Stadt statt des Tobens der Menge nichts mehr zu vernehmen war als das Dengeln der Sensen und das Zwitschern der Vögel.

AUGUST 1944

Otto Brüess

1944

Als die Bomben der Flieger den Kölner Dom trafen, das Aachener Rathaus, das Goethe-Haus auf dem Hirschgraben in Frankfurt und das Straßburger Münster, beschädigten oder zerstörten sie jeweils ein Bauwerk, das auch bei längerer Entstehungszeit *ein* Zeitalter unseres Werdens verkörperte. Die Baugruppe, die am 14. August verwüstet wurde, der Kern der Stadt Trier, umfaßt alle schöpferischen Zeiten unseres Volkes bis in seine Frühzeit, bis zur römisch-germanischen Auseinandersetzung zur Zeit des Kaisers Augustus. Die Zerstörung des alten Triers ist der bisher vielleicht schmerzlichste Vorgang in diesem Kriege gegen die Zeugnisse des Geistes.

Der dies schreibt, erinnert sich eines besonderen Augenblicks, eines, er möchte sagen: heiligen Schreckens, durch den ihm, trotz vieler früherer Besuche, die Eigenart jenes Bezirks aufging. Der Betrachter kam mit einem Flugzeug von den Eifelbergen her auf die Stadt zu, und wie die Maschine, um zu landen, sich kreisend schräg legte, sah er zunächst die Weinberge, über denen er hinglitt, bis an die Stadt herantreten und erkannte, wie nah sie, in beglückender Art, ihrem nährenden Ursprung geblieben war. Nun kreiste das Flugzeug auch über Basilika, über Dom und Liebfrauen und schloß sie unter dem Blick so zusammen, wie sie da in fühlendem Stein erwachsen sind; es war das zweite heilige Erschrecken. Man sah – sei der Vergleich, ob er auch hinke, gewagt – die Zeiten sich zueinanderfügen wie die Rosenblätter zur Rose.

Die Basilika hoch und schmal, mit doppelter, neungliedriger Fensterreihe und apsidenartigem Ausbau, aus römischen Ziegeln errichtet, und in seinen Außen- und Innenbögen in der Sprache jenes alten Eroberer- und Ingenieurvolkes errichtet, dessen erster Cäsar, seinen Namen auch den deutschen Kaisern gebend, in seinem Rechenschaftsbericht *de bello gallico* zuerst die Treverer, die Trierer, bei Namen nannte. Der Dom, dieser strenge und schöne Bau der Frühe, der sich mit den Formen des Übergangs bereichert und bis in die barocke Zeit in einzelnen Teilen noch durchgebildet wird. Endlich Liebfrauen, dieses Juwel gotischen Empfindens, neben dem Dom mit gleichlaufender Achse, Rundbau über Grundform des Kreuzes, mit figurenreichen Portalen, reichem Gestaltenschmuck des Westbaues, bis in den Turmgaden mit Plastiken ausgeziert – und nun der Kreuzgang, der die beiden Kirchen auf der Erde im Grundriß zur Einheit macht. Aber wie ganz anders und wesenhafter erscheint die Einheit, die allein dadurch gewonnen wird, daß jeder der beiden Bauten seinen Charakter hat: Der Dom breit, wuchtig hingelagert, männlich, und Liebfrauen danebengeschmiegt, schmal, hoch, weiblich.

Was aber dieser Gruppe die besondere Schönheit verlieh, war die Einfügung in die umliegenden geistlichen und weltlichen Bauten der Stadt, ein paar hundert Meter nach Süden, und wir standen vor dem erzbischöflichen Palast, einem Riesenkomplex, in den einmal die zur Residenz ausgebaute Basilika hineingefügt war und der eine eigene Baugeschichte für sich hat, die von der Renaissance bis zu Barock und Rokoko reicht. Nur ein paar Dutzend Schritt gegen Westen, und wir waren auf dem Marktplatz mit seinen berühmten Bürgerbauten – und daneben und dazwischen alle diese Herrlichkeiten, die nach den Berichten aus Trier zerstört oder verwüstet sind, das Kesselstattsche Palais, der Metternichsche Hof, die Domkurie und die Wohnung des Bischofs... und jeder, der einmal offenen Auges die Stadt durchwanderte, fragt sich, stehen sie noch, die Regierung, das Rote Haus, die Steipe, der Petersbrunnen?

Es mag sein, daß einige der Schätze Triers infolge der bisherigen Erfahrungen des Krieges geborgen waren – eben die Dinge, die sich wegbringen ließen... aber die Stadt war voll von Gegenständen einer ununterbrochenen kunsthandwerklichen Blüte, die nur schwer oder gar nicht wegzuschaffen waren. Die Stadt der Porta nigra war voll von Schreinen und Reliquiaren, Statuen und Schnitzereien, Codices und Schmiedewerk, die, aneinandergereiht, einleuchtend dartaten, daß die Künste niemals ganz zugrunde gingen, sondern daß das Schaffen, war es auf einem Gebiet erschlafft, sich auf ein anderes warf; alles in allem ein Denkmal unserer Geschichte, wie wir in Deutschland in dieser Art kein zweites besitzen... oder besaßen, wie man nun leider sich eingestehen muß.

DIE FRUCHT DER ZERSTÖRUNG

Werner Picht

1949

Wir sind am Ziel. Ein Ausrufungszeichen am Himmel, die Mariensäule auf der Höhe des Pulsbergs, zeigt die noch verborgene Stadt an. Und nach diesem Harfenton ein voller Akkord: die breit gelagerte Abteikirche St. Matthias mit ihrem mächtigen Dreiklang stumpfer Türme, der Wächter im Süden. Er steht unversehrt! Ja, auf seinen Zinnen flattert festlich die blau-rote Fahne – die alten Bursfelder Farben (die gleichen, die Beuron zeigt). Hier nahm unter dem großen Abt Johannes Rode die Reform des Benediktinerordens in der ersten Hälfte des 15. Jahrhunderts über das Benediktinerkloster Bursfeld in der Mainzer Diözese ihren Ausgang. Wir kamen wie zu einem Leichenbegängnis – und finden uns, ehe wir noch den Fuß auf den Boden gesetzt haben, daran gemahnt, daß hier ein großes Erinnern feierlich begangen wird: Es sind achthundert Jahre, seit die Basilika über dem Apostelgrab – dem einzigen nördlich der Alpen – durch Papst Eugen III. in Begleitung von sechzehn Kardinälen geweiht wurde. Hier geht durch die Jahrhunderte ein Leben seinen unbeirrten Gang, während Reiche entstehen und stürzen. Hier weiß man auch unter Trümmern noch Feste zu feiern. Hier kann, wen die Tragik unseres historischen Schicksals erdrückt, davon geheilt werden, »die Historie übermäßig ernst zu nehmen« (Nietzsche). Der Zugang zu dem geschichtshaltigsten Fleck deutscher Erde führt über eine Einbruchstelle der Ewigkeit. Die erste der Erschütterungen, die, andeutend zunächst, dann mit wachsender Klarheit in uns einsinkend und Wurzel fassend, einen Weg und Ausweg aus dem Trümmerchaos öffneten, in das wir uns alsbald versetzt sahen.

Von Süden kommend fährt man zu Füßen der Rebenhänge

der Olewiger Höhen und des Petrisberges die Stadt entlang und verläßt an ihrem anderen Ende inmitten der Reste des Bahnhofs den Zug. So betritt man Trier, wie es sich geziemt, durch das Römertor. Auch dieser Wächter im Norden hatte überdauert, das eine Bauwerk, das im Kerne unberührt alle Zerstörungen der Stadt mit angesehen hat. Um es allein hatten wir uns nicht gesorgt. Die Porta nigra, das gewaltigste Stadttor, das Rom je gebaut hat, konnte die Patina von Jahrtausenden schwärzen. Die Gier nach dem Eisen und Blei, das seine wie von Titanen geschichteten Quadern verklammerte, konnte sie benagen. Aber keine Waffe, selbst nicht die Bomben dieses Krieges, hätte dies Wahrzeichen der Stadt zu fällen vermocht. Aus Gefahr der Zerstörung entstanden, der Zerstörung entgegengestellt, hat es sich gegen Zerstörung immun gezeigt.

Auch das gleichsam Schutz suchend an seine Flanke angeschmiegte Stift oder doch, was davon übriggeblieben und in den Jahren vor dem Krieg erneuert worden war, ist unberührt geblieben. Wenig betroffen zeigt sich die Straße, die Tor und Marktplatz verbindet. Dort aber beginnt das Trümmerfeld. Sein Auftakt: der Steinhaufen an der Stelle, wo die »Steipe« stand, so genannt nach den Pfeilern (Steipen) der offenen Halle des Erdgeschosses. Die Steipen hatten fünfhundert Jahre lang den zinnengekrönten Bau, vollkommenen Ausdruck der stolzen Behäbigkeit des Trierer Patriziats, zu tragen vermocht. Als eine Bombe hart zu Füßen niederging, war er in die Knie gesunken. Und mit ihm hatte sich ein jüngerer, aber gebrechlicherer Nachbar in Schutt verwandelt, das barocke »Rote Haus«, dessen Aufschrift den Anspruch der Stadt verkündete, Rom wenn nicht an Bedeutung, so doch um dreizehnhundert Jahre höheren Alters zu übertreffen.

Tagelang war der Entschluß nicht aufzubringen, an der den Durchblick sperrenden Kulisse der Südfront des Marktes – beschädigt, aber in ihrem Haupt- und Mittelstück, der quergelagerten Pfarrkirche St. Gangolf erhalten – vorbei ins Zentrum der Altstadt vorzudringen. Aber das Herzstück in der Flanke, der Dombezirk, zog mächtig an. Das Wiedersehen war schmerzvoll.

Das zarte Wunder von Liebfrauen, der Marienkirche zur Seite des Doms, Sinnbild der anbetenden wie jener der herrscherlich triumphierenden Kirche, ist zur Baustätte geworden. Auf den alten Ansichten, am eindrucksvollsten bei Sebastian Münster, ist der jeden anderen Bau noch überragende spitze Turmhelm, den später ein Sturm fällte, Mitte des Stadtbilds, das das Mittelalter organisch zu komponieren wußte: der Stiel einer vom Himmel herabgesenkten mystischen Rose, deren Blätter die zwölf Kapellen des Rundbaues bilden, deren Dach auf den zwölf Säulen der Apostel ruht.

Der Dom selbst, vielfach getroffen, steht mit ausgebranntem Südturm im ganzen unversehrt rittlings über der Grenze des Trümmerbezirks. An seiner Nordseite blieben die verträumten Kurien, die im Frieden ihrer Gärtchen, ein wahrer Hort der Meditation, das Gäßchen »Sieh um dich« umlagern, unbeschädigt. Die Barockherrlichkeit im Bereich von Liebfrauen aber, die Residenz des Bischofs, das Juwel des Kesselstattschen Palais, ist ebenso schwer heimgesucht wie weiter südwärts die kurfürstliche Residenz mit ihrem barocken Südtrakt, dem Meisterwerk des Johannes Seiz, der beherrschende Bau säkularer Repräsentation.

Aber freilich – diese ganze Festlichkeit Kurtriers im 18. Jahrhundert, deren ungetrübtem Genuß man sich noch hingeben kann, wo sie ihren subtilsten Ausdruck gefunden hat: im Rokokowunder von St. Paulin, ante portas im Norden glücklich bewahrt, sie bereicherte nur ein ausdrucksreiches Antlitz um einen neuen Zug. Ist Trier doch nicht Würzburg. Nicht Prachtliebe und Festfreude geistlicher Fürsten des Ancien Régime haben Gesicht und Charakter dieser Stadt entscheidend geprägt. Sie haben ihre Spuren hinterlassen, und diese Zeugnisse einer Zeit, die zu bauen liebte, das Bauen verstand und die Mittel dazu hatte, waren bedeutend genug. Aber das Wesen Triers ist durch sie ebensowenig bezeichnet wie durch die Motive einer behaglich-unverbindlichen und ein wenig banalen Romantik, auf die eine spätbürgerliche Zeit es festzulegen suchte. Das war das Zweite, das diese Pilgerfahrt zu Trümmern lehrte: die Widerstandsfähigkeit dieser Stadt auch unter dem härtesten Schlag. Das Vielschichtige ist schwer zu fassen, und wer sich mit Trier einläßt, hat es mehr mit Quadern als mit Stuck zu tun. Der schöne Schein, das anmutvolle Spiel sind für die Augusta Treverorum stets Zutat und Import geblieben. Das leicht Zerbrechliche ist nicht Bestandteil ihres Kerns.

Das springt ins Auge, wägt man, zum Dom zurückgekehrt, die Herrlichkeit, die neben ihm in Scherben liegt, an dem Gewicht des eines Baues, der zwei Jahrtausende umspannt – und der erhalten blieb. Aber nicht Universalität ist das Merkmal dieses einzigen Baudenkmals, das von den Zeiten der Cæsaren bis auf diesen Tag lebendigen Anteil hatte am Leben dieser Stadt, sondern ein spezifischer Zug: in ihm vollzog sich in einer Vollkommenheit wie kaum an anderer Stelle die Verschmelzung steinerner Manifestation römischen und deutschen Wesens, als dieses auf einen Geschichtstag – zur Zeit der Ottonen – zu dieser schöpferischen Begegnung befähigt war, als nach der karolingischen »Renaissance« eine Einverwandlung antiker Elemente und ihre Umbildung aus germanischem Geist möglich wurde. In dieser Zeit, als der deutsche Kaiser zum »Imperator Augustus« geworden ist, das deutsche Wollen weiträumige Großartigkeit, das deutsche Wesen in der Empfindung für das allgemein Gültige und Ewige Weltweite gewonnen hat, als – wie im Egbertschrein des Domschatzes – Bildnisse der Cæsaren mit naiver Selbstverständlichkeit auf den Imperator des himmlischen Reichs angewandt werden, schafft Erzbischof Poppo den antiken Dombau zu einem typisch spät-ottonischen Sakralbau um. Eine ideale, weil nie endgültig zu entscheidende Frage für gelehrten Streit: ob das Römertor die Gestaltung der Westfront beeinflußt habe oder ob der erzbischöfliche Baumeister sich durch den unbekannten Westabschluß des antiken Baues habe anregen lassen. Gleichviel – man kann nicht vor diese Fassade treten, ohne erschüttert zu gewahren: auf diesem Boden hat der gewaltige und gewaltsame Geist, der die Porta nigra schuf, die eingeborene Schöpferkraft nicht übermannt, sondern befeuert. Durch acht Jahrhunderte getrennt, verschiedener Völker Werk, im Zeichen sich feindlicher Gottheiten errichtet, stehen diese mächtigen Monumente sich als Verwandte zur Seite, und es ist, als grüße der Römerbau das Christenheiligtum als Schöpfung einer Zeit, »da Großes wiederum groß war«, und damit als Genossen.

Hier leuchtete das dritte Licht in den Trümmern auf: In diesen Jahren, in denen so viel steinerne Sprecher der Vergangenheit zum Schweigen gebracht wurden, hatte sich an diesem Ort die Erde aufgetan, um für den Dom ihre Stimme zu erheben. Daß diese Kathedrale sich aus einem Römerbau entwickelt hatte, war nie zu bezweifeln. Noch ist die Herkunft der Außenwand im Norden mit den Lagen schmaler Ziegel neben rotem Sandstein unverkennbar. Noch spielen die Kinder an der Pforte beim Westchor um den »Domstein«, den gewaltigen Rest einer der vier siebzehn Meter hohen granitenen Säulen, die einst den Riesenwürfel des römischen Domkerns gegliedert haben. Was trieb man hier zur Römerzeit? Das war die offene Frage. War er ein kaiserliches Konsistorium? Eine Markthalle? Oder Thronsaal des kaiserlichen Palastes? Hatte hier die Kaiserin Helena gewohnt, auf die der Trierer Volksmund so gern die Geheimnisse der Vergangenheit bezieht? Behauptung stand gegen Behauptung – bis die Bomben die Lösung brachten. Grabungen auf dem Domfreihof zur Anlage eines Luftschutzbeckens, Grabungen im Innern der Kirche, wo die Zerstörung dem Archäologen freies Spiel gegeben hatte, lassen keinen Zweifel: Diese Halle war freilich der Saal eines gewaltigen Palasts, einer domus regalis, eines Königsbaues – der Thronsaal des Himmelskönigs. So hatte die Überlieferung recht, der die Wissenschaft mißtraute. Dieser Bau ist Heiligtum von Anbeginn, ist Basilika, das heißt Königsbau des basileus Christus seit den Tagen Konstantins des Großen. Hier zeigt sich die Widerstandskraft des alten Trier von einer anderen Seite. Wir sind nicht nur ärmer geworden in dieser Zeit. Die Zerstörung hat offenbar geringere Macht über eine Stadt, deren Boden für sie zu zeugen weiß.

Ermutigt wagen wir uns nun in die inneren Stadtbezirke vor. Als der Blick beim Erreichen des Kornmarktes über die Scherben des St.-Georg-Brunnens, über die Mauerreste des Rathauses und die Steinwüste im Osten des Platzes zur Basilika hinüberschweifte, dem gewaltigen römischen Hallenbau, der nun hinter aufgerissener Kulisse in seiner ganzen Majestät von hier aus sichtbar geworden ist, da wurde als die vierte Tröstung jäh und gänzlich unbezweifelbar das eine offenbar, wodurch sich Trier von jeder anderen Trümmerstätte dieses Krieges unterscheidet: Hier gibt es keine Scheidung zwischen Trümmern und Ruinen. An dieser Stätte, die so vielfache Zerstörung erlebt und überdauert hat – und von welcher anderen Stadt im deutschen Land gilt das in gleicher Weise? –, hat die Wucht der Vergänglichkeit die Trümmer schon beim Entstehen der Sphäre der Aktualität entrückt und gewissermaßen einer anderen Tiefenschicht historischen Geschehens eingepreßt. Die Trümmer sind hier sozusagen in der Stunde ihrer Geburt zu Ruinen herangereift, die Ruinen haben sie in ihre Arme genommen, sie als ihresgleichen anerkannt und sich anverwandelt. Ein höchst wunderbares und unendlich tröstliches Geschehen. Die Leiden der Vergangenheit kommen der Gegenwart zu Hilfe. Dem Pfeil, der dieser Stadt ins Herz zielte, ist die Schärfe genommen.

Wir durchqueren das Trümmerfeld, das uns von der Basilika trennt, nicht ahnend, daß diese uns eine fünfte Offenbarung zur Enträtselung des Trümmerwesens der Augusta Treverorum bereithält. Aus dem klassizistischen Produkt der Renovierung unter Friedrich Wilhelm IV., die, was die Bomben nicht vermocht hätten, die Spuren des Mittelalters sorgfältig getilgt hatte, war wieder ein Römerbau geworden. Der erschütterte Ausruf »Die Basilika ist wiedererstanden!«, so befremdlich er an einer Stätte der Zerstörung klingen mochte, besagte, was sich begeben hatte. Vernichtet war die Kirche. Das Bauwerk aber hatte im Rückgriff über mehr als anderthalb Jahrtausende seine antike Erhabenheit zurückgewonnen.

Von Konstantin dem Großen errichtet, hat der Bau ihm und seinen in Trier residierenden Nachfolgern zur Begehung der großen Staatsakte gedient, in Parallele zu dem feierlichen Zeremoniell der Liturgie, dem Staatsakt des basileus Christus, der sich im Konstantinbau des Domes abspielte. Nach der Zerstörung haben die Franken, unfähig, den Riesensaal wieder unter Dach zu bringen, in diesen Mauern wie die Bienen im Korb ihre Waben gebaut – er bot Platz für bis zu sechs sich um einen Hof gruppierende Stockwerke. Hier residierten ihre Gaugrafen. Hier stiegen die Frankenkönige ab, und auch Karl der Große hat hier Quartier genommen. An ihre Stelle traten später die Bischöfe, in deren Kämpfen die Basilika auch als Festung Ruhm gewann, als »Palatium von erstaunlicher Bauart, das nicht nur keinen Feind fürchtet, sondern auch mit keiner Kunst der Kriegsmaschinen gebrochen werden kann«. Durch sechshundert Jahre residierte hier der Erzbischof, und kam der Kaiser zu Gast, beherbergten ihn diese Mauern der Cæsaren. Die französischen Revolutionsheere plünderten den Palast, er wurde Lazarett, dann Kaserne. War der Römerbau durch seine Verwendung als Burg und Residenz der Vernichtung entgangen, so war er nun schutzlos und den Zwecken einer neuen Zeit nur unwillig dienstbar jeder Laune des Zufalls ausgesetzt. Da griff Napoleon ein, dessen Genie hier den verwandten Geist witterte und verehrte: er schenkte den Bau der Stadt mit der Auflage, ihn zu erhalten. So kam es zu dessen Ausbau als Kirche. In den Stürmen der Katastrophe Deutschlands schloß sich der Ring. Die Basilika kehrte wieder zu ihrem römischen Ursprung zurück. Und ob sie den Geistern der Vergangenheit überlassen bleiben oder wieder eine Christengemeinde in ihr Schutz suchen wird – daran wird sich kaum etwas ändern.

Die Trümmer Triers sind zu Wort gekommen. Was sie zu sagen wußten, hat uns überraschende Elemente einer neuen Sinndeutung des Schicksals dieser Stadt und damit des unsrigen gegeben. Ein Gang aber bleibt zu tun. Der tröstliche Gruß, der uns empfing, ist nicht vergessen. Wir suchen die Basilika vor den Toren auf: St. Matthias.

Sie ist wahrhaftig unberührt geblieben. Aber auch sie hat in langer Geschichte ihre Trümmererfahrungen gemacht. Vor ihrer majestätischen Fassade kommt uns in Erinnerung, daß dieses Wunder überzeugender Verschmelzung von Romanik und Barock seine heutige Form der Zerstörung der Türme durch einen Brand verdankt. Kein Fleck der Trierer Erde hat so viel Werden und Vergehen aus einer Wurzel erlebt. Geht doch die Geschichte des christlichen Kultus an dieser Stelle bis auf die Uranfänge der christlichen Gemeinde Triers, der ältesten deutschen Bischofsstadt, und damit auf den Ursprung des Christentums in Deutschland zurück. Nicht weniger als fünf Kirchen hintereinander trieb dieser fruchtbare Boden aus sich hervor, seit, wie die Tradition berichtet, die Villa der Witwe Albana dem christlichen Gottesdienst Zuflucht gewährte. Dies war die sechste Lehre im Zyklus der Offenbarungen dieser Trümmerwanderung: Tiefer als durch die Stürme, die darüber hingehen, ist das Schicksal einer Stätte, eines Landes durch die Erde bestimmt, die sein Leben hervortreibt und aus der es sich erneuert.

Trier ist eine Stadt der Geschichte. In keiner anderen deutschen

Stadt ist große Geschichte seit der Vorzeit in ununterbrochener Folge wie hier zu Stein geworden und umwittert noch heute das Gemäuer der Vergangenheit. Eine Wanderung durch Trier wird also notwendig zur Wanderung durch die Zeiten, zu dem Versuch, die Rede der Steine zu vernehmen und zu deuten. – Eine Stadt der Vergangenheit? Eine Stadt, die uns lehrt, uns inmitten der Vergänglichkeit zu behaupten, die unser Dasein von innen und außen zu überspülen droht.

DIE STADT DER KAISER: TRIER

Michael Freitag
1988

Alle Wege führen nach Trier. Das ist natürlich eine faustdicke Lüge. Aber was ist Rom gegen Trier? Das denkt man wenigstens in Trier, wenn es auch wohl nur ein extremistischer Standpunkt im Spektrum des Lokalpatriotismus ist. Eine Trierer Besonderheit ist, daß es Extremismus nur zu dieser Seite hin gibt – gar nicht Lokalpatriot zu sein, wäre unerlaubt. Vier Weltstädte gibt es in Europa: London, Paris, Rom und Trier. Ginge es streng nach historischem Verdienst, dürfte man die Reihenfolge auch umkehren, meinen jedenfalls die Trierer, die Berlin, Frankfurt, Hamburg, München und erst recht Bonn nur als Parvenüs wahrnehmen. Gab es denn eine dieser Städte schon, als der Kaiser Konstantin Trier zur Augusta, zur Hauptstadt seines christlichen römischen Reiches gemacht hatte? Die Macht der Geschichte beflügelt das Selbstbewußtsein der Trierer. Es ist schwer, nicht trunken zu werden von der Größe der Vergangenheit. Trier heute – ein Kaff? Nur wenige Wege führen dorthin und, möglicherweise wichtiger, von dort weg. Bevor es die Autobahn gab, sah es sogar wegen der vielen Moselschleifen sehr trübe aus für die Erreichbarkeit Triers von außen und die Erreichbarkeit der Außenwelt für die kleine Zahl der Trierer, die es nach ihr gelüstete. Sagen wir es ehrlich: Trier liegt am Ende der Welt – wenn auch am vielleicht hübschesten Ende. Der örtliche Einzelhandel findet das fabelhaft, Saarbrücken, Koblenz und Mainz sind weit genug entfernt, um Begehrlichkeiten nicht aufkommen zu lassen. Luxemburg freilich liegt vor der Haustür, aber es ist nicht wegen seiner Ladengeschäfte interessant, gehört nicht in diesen Zusammenhang und lag vor der EG-Gründung jenseits einer störenden Grenze.

Kaufleute haben das Recht auf einen eingeschränkten Blickwinkel, Touristen beanspruchen das Recht auf den uneingeschränkten. Sollen sie, können sie, wenn sie bereit sind, sich über die Römerbrücke auf die »schlechte« Seite Triers zu begeben. Sie müssen sich rechts halten, dann kommen sie auf einem verschlungenen Sträßchen zur Mariensäule und auf den Markusberg, vorbei an einem Schloß, das sich als Dienstgebäude des Bundesamtes für den Zivildienst entpuppt. Von den beiden frommen Plätzen aus haben sie einen fürstlichen Ausblick auf die Stadt, die ganz flach an einer Moselschleife zwischen steilen Anhöhen liegt. Wenn schon, dann schaut man von hier hinunter, denn dann erblickt man Trier von vorn. Eine der Merkwürdigkeiten Triers ist, daß auf dem von der Natur reich beschenkten Markusberg keine erstklassige oder auch nur bevorzugte Wohnlage entstanden ist. Der kleine Stadtteil besteht aus Häusern, die man mit schuldigem Respekt moderat nennen darf. Den reichen Trierer Familien, so gut wie in jedem Fall adeligen Geblüts, gefiel die Gegend nicht. Das hatten sie auch nicht nötig, sie hatten ja ihre Anwesen auf der richtigen Seite und dazu Wälder und Weinberge. Der Deutschherrenberg, der Burgberg, das Deutschherrenköpfchen, der Domherrenberg, der Thiergarten unterm Kreuz, der Kurfürstenhofberg, der Benediktinerberg und der Jesuitenwingert – sie sind denn doch die erfreulichsten unter den Bergen Triers, aber zu ihnen steigt man nicht beschwerlich empor, sondern ins Glas hinab.

Besucher aus der Neuen Welt kommen freiwillig nach Trier, weil es an der Mosel so »lovely« ist und die hier in Stein geronnene Geschichte einen sanften »thrill« vermittelt. Besucher aus mittlerweile alten Welten, die einmal die ganz neuen hatten werden wollen, zieht es mindestens einmal im Leben nach Trier. So wie jeder Moslem nach Mekka wallfahren muß, so wandelt jeder ordentliche Marxist auf den Spuren, fast ist man versucht zu sagen: auf dem Barte seines Propheten in der Brückenstraße.

Die Wege hin zu dem Haus, in dem 1818 die Wiege mit dem hellblauen Karl Marx stand, können verschlungen sein. Ein Westberliner berichtete im Gästebuch des Karl-Marx-Museums freudig von seiner Route, die ihn per Fahrrad über den Highgate-Friedhof in London und Wuppertal-Barmen – früher Firmensitz von Ermen & Engels – bis nach Trier geführt hatte.

Das Geburtshaus von Karl Marx wurde von der Friedrich-Ebert-Stiftung so liebevoll hergerichtet, daß es einer gewissen Putzigkeit nicht entbehrt. Mit seinem anheimelnden, spitzweghaften Innenhof ist es einer der geruhsamsten Orte Triers. Die vielen Liebesgaben, vor allem aus der Zweiten Welt – Marx' Kopf in Alabaster, auf Porzellan, als Wandteppich und als Original-Ölgemälde – tragen dazu bei, daß es auch einer der anheimelnd-heimeligsten ist. Die chinesischen Grußbotschaften im Gästebuch wirken wohlerzogen, und die Grüße diverser FDJ-Gruppen, die »tief beeindruckt« gewesen zu sein behaupten vom Odem der Weltrevolution, der sie hier angeweht habe, verstärken nur die Rührung.

Aus der didaktisch sorgfältig aufgebauten Ausstellung geht Engels als der sympathischere hervor. Er konnte gelassener sein und verstand sich auch recht lässig auf die angenehmen Seiten des Lebens. Das wird deutlich an dem Fragebogen, den die Magazin-Leser kennen. Marx und Engels, der »Bär« und der »General«, hatten damit in London im Familienkreise gespielt. Marx fiel bei der Frage nach der »Auffassung vom Glück« nicht mehr ein als ein Strich – das zumindest sollte alle, die ihn als Heilspropheten verstehen, irritieren. Engels schrieb: »Chateau Margaux 1848«. Er hatte einen exquisiten Geschmack. Noch in der zweiten Hälfte unseres Jahrhunderts waren einige Flaschen jenes Jahrgangs elegant und voller Kraft.

Engels war der Weinkenner, nicht Marx, der als Trierer im kommerziellen Zentrum des besten deutschen Weinbaugebietes geboren worden war, dessen Vater zur Altersversorgung in den »Maximin Grünhäuser«, jenen Weinberg in Triers Vorort Ruwer, investiert hatte. Aber das mangelnde Interesse hat er mit den meisten Trierern gemein, die kein besonders enges Verhältnis zu den guten Flaschen haben, die in den fünf weltberühmten Kellereien Triers und in etlichen anderen abgefüllt werden. Das kann auch gar nicht anders sein, denn guter Wein ist teuer. Die einzige Weinhandelsstadt der Welt, in der die großen Weine ihrer Umgebung getrunken werden, ist Bordeaux. Dies auch nur deshalb, weil hier nicht Rentmeister – Beamte – großer Domänen dominieren, sondern Kaufleute. Sie haben das Geld, gelegentlich einen unvernünftig teuren Korken zu ziehen, und sie haben den verschwenderischen Wunsch, dies möglichst oft geschehen zu lassen.

Trier teilt das trübe Los aller anderen Weinstädte, weil es eine Beamtenstadt ist. Wer die großen Weine aus Trier trinken will, tut das vorzugsweise im Bremer Ratskeller – es sei denn, er sei Domkapitular aus einer Familie mit eigenem Wingert. Aber das gilt wohl mehr für die Vergangenheit, denn diese Vermögen, auf das Bewahren des Bestandes angelegt, zerrannen. An die Kesselstatts erinnert noch das barocke Palais in der Domfreiheit – der riesige Weinbergbesitz gehört der Familie Reh, die mit einem Schaumwein Marke »Faber« ihr Vermögen mehrt. Das alles ist normal, provinziell, nicht urban. Zum Wein ist den Trierern nicht viel eingefallen.

Auch Decimus Magnus Ausonius ist dafür ein Beispiel. 365 war dieser gelehrte Mann als Erzieher des Prinzen Flavius Gratianus nach Trier gerufen worden. Dem Wein und seiner Kultur war er sehr zugetan. In Trier erinnert an ihn wenig mehr als eine vielbefahrene, kurze Straße. In St. Emilion wird Chateau Ausone gekeltert. Vive la différence. In Deutschland versteht man sich am besten auf den Autoverkehr: Unter diesem Gesichtspunkt ist die Trierer Reverenz an Ausonius sogar als Kompliment zu deuten.

Pflichtschuldigst muß sich der Fremde darüber wundern, daß das Karl-Marx-Haus nicht an der Karl-Marx-Straße liegt, die erst hundert Meter weiter rechts beginnt, sondern an deren Verlängerung, der Brückenstraße. Zu Marx' Geburtszeit habe die Straße so geheißen, es sei also besonders sensibel, diese Benennung wiederaufgenommen zu haben, meinen Historiker der Stadt. Noch feinsinniger allerdings ist die Art, wie Trier das symbolische Rot des Kommunismus lebendig hält. Das Karl-Marx-Haus ist Zentrum des Rotlichtbezirks, wenigstens dessen, was man in Trier dafür zu halten gezwungen ist. Davon kann man sich schön ironisch distanzieren, denn die wenigen Striplokale, was machen die schon aus! Kleinlich, sie überhaupt zu erwähnen! Vielleicht ist es aber doch eine späte Rache an der Familie Marx. Der Vater Heinrich Marx war als Jude geboren worden und hatte sich taufen lassen, damit er bei Gericht als Anwalt zugelassen werden konnte. Er verschmähte indessen den in Trier allgegenwärtigen Katholizismus. In der preußischen Rheinprovinz war es gewiß nicht von Nachteil, Protestant zu sein. In der Stadt Trier hat es ihm wohl kaum Freunde eingetragen. Die Katholizität der Stadt raubt den Atem oder spendet ihn überreichlich, je nach Bekenntnis. Spirituell ist es nicht mehr weit her damit – die Kirchen sind nicht voller als andernorts. Materiell ist sie zum guten Teil Geschichte. Aber die Zahl der ehemaligen Klöster innerhalb des kleinen Alleenrings verlockt dazu, für den Reichsdeputationshauptschluß dankbar zu sein. St. Irminen, Augustiner, St. Gervasius, Simeonstift, St. Marien, St. Martin, Welschnonnen – mehr als genug für tiefe bürgerliche Zornesfalten. Der Katholizismus ist listig, allumfassend dazu, und so kam es, daß auch der Protest gegen die Großmacht der Kleriker sich katholisch äußerte. St. Gangolf, die Bürgerkirche, gefiel den Trierern deshalb, weil sie mit hohem Turm dem Dom Konkurrenz machte, was das »Hermachen« anging. Größeren Ärger hatten die Prälaten mit den Bürgern nicht.

St. Irminen ist heute ein großes Spital. In St. Irminen liegt auch die Verwaltung der Vereinigten Hospitien, einer wohltätigen Stiftung, die von Napoleon durch Zusammenlegung alter Leprosorien, Asyle, Hospize und Salpetrieren geschaffen wurde. Fünfundvierzig Hektar Weinberge tragen zum Etat bei. Der Oberbürgermeister ist geborener Vorsitzender des Verwaltungsrats der Stiftung, der Bischof sein Stellvertreter. Für den jetzigen Amtsinhaber Felix Zimmermann ist es möglicherweise noch angenehmer, daß er sich als Rechtsnachfolger Napoleons fühlen darf. Diese Ahnschaft ist den Bürgern und ihrem Oberbürgermeister recht, weniger wäre unter Niveau. Umgekehrt muß man sagen, daß Napoleon postum froh sein kann, wenn diese Stadt seine Rechtsvorgängerschaft akzeptiert.

Mit Selbstbewußtsein werden auch die Städtepartnerschaften ernst genommen. Nicht jeder Partner ist genehm, in der DDR kam nur Weimar in Frage. Jene Stadt, deren berühmtester Einwohner einst bei der Kanonade von Valmy ein neues Zeitalter heranbrechen sah, ist für diese, die spätrömische Kaiser und ihren modernen, korsischen Nachfahren erlebte, satisfaktionsfähig. Das alles ist Koketterie, die zum lokalen Kolorit und zum lokalen Charakter beiträgt.

Soll man die Trierer dafür tadeln, wenn aus aller Welt schock-

Die Arena des Amphitheaters, in der ab 100 n. Chr. bis zum Ende des 4. Jahrhunderts große Massenunterhaltungen veranstaltet wurden

weise Lobsprüche kommen, wie gut, wie schön, wie bedeutend die Stadt sei? Zur Zweitausendjahrfeier 1984 wollte man selbst für Lob sorgen – subtil, nicht vulgär. Man gab den Auftrag an einen Außenstehenden, der nur objektiv zu sein brauchte, dann würde er schon tüchtig loben. Zur Trierer Vornehmheit gehörte dann, daß man mit dem Ergebnis nicht so recht zufrieden war. Ludwig Harig, der in »Trierer Spaziergänge« mit Gründlichkeit das Panorama der Stadt aufgefächert hatte, wurde wegen seines nicht devoten Tones sanft gescholten.

Reden wir von ernsten Dingen. Trier hat auch eine Wirtschaft. In Wahrheit gibt es viele Wirtschaften, und am Abend sind sie voll; das macht zwar den Straßenverkehr anstrengend, gehört aber zu den sympathischen Zügen der Stadt. Ohne Kalauer: Es gibt Industrie und Gewerbe, wenn auch Trier unter ihrem Pulsschlag nicht gerade erbebt. Es gibt sogar ein Gewerbegebiet. Viertausend Menschen verdienen hier ihr Brot, unter anderem mit dem Drehen von Zigaretten und in der größten Schaumweinfabrik Europas. Ein großes Grundstück wird noch vorgehalten für den Fall, daß eine große Firma auftaucht und ein Werk erbauen möchte. Einige tausend hochqualifizierte Arbeitnehmer, man denkt an umweltfreundliche Hochtechnologie, sollen mitsamt ihrer Kaufkraft an Trier gebunden werden. Bisher hat noch keine IBM angebissen, und wer weiß, ob es dem Gemeinwesen überhaupt bekäme.

Das hat schon schwer zu kämpfen mit drei Millionen Tagestouristen pro Jahr. Viele von ihnen kommen aus Holland und Frankreich. Sie füllen die Trierer Kassen, aber die Qualität ihrer Pauschalarrangements kann sich mit der des Stadtbildes nicht messen. In der Übernachtungsstatistik tauchen sie nur zum kleineren Teil auf, im Umkreis gibt es Feriendörfer. Im Herbst kommt dann, wie an der ganzen Mosel, eine Geißel des modernen deutschen Tourismus über Trier: die sogenannten Clubreisen. Sie sind sehr laut, sehr feucht, gewöhnlich gewöhnlich und ungewöhnlich störend. Mit alldem hat die Gastronomie leichtes, zu leichtes Spiel. Für Anspruchsvolle hat sie, abgesehen von der ausgezeichneten »Pfeffermühle«, nicht viel zu bieten.

Kaum zu ertragen ist für Trier die Last der Ruinen. Mag es noch erheiternd sein, wenn Touristen auf dem Platz vor dem Rathaus ihren Baedeker nach dem klobigen Turm befragen, der vor ihnen aufragt – einem Hochbunker aus dem Zweiten Weltkrieg mit Schrägdach, damit Bomben abprallten. Er ist so massiv, daß man ihn nicht wegsprengen konnte, als man das wollte. Weniger komisch fand man es, daß bei Ausschachtungsarbeiten auf dem Viehmarkt eine komplette römische Thermenanlage vom Ende des ersten Jahrhunderts entdeckt wurde. Vor dem Rathaus hatte man vorsichtshalber gar nicht erst gegraben, weil man wußte, daß man fündig werden würde.

Die Viehmarkt-Thermen sind die dritten nach Kaiser- und Barbara-Thermen. An römischen Großbauten sind außerdem sichtbar die Porta Nigra, das Amphitheater und Teile der Stadtmauer. Bei jedem Hausbau findet man zumindest wichtige Scherben. Ein großer Tempelbezirk ist bekannt und vermessen. Nach seiner Entdeckung wurde er schnell wieder zugeschüttet. Bis auf weiteres haben hier Schrebergärtner das Sagen.

Etliche Trierer wollten von den wiedergefundenen alten Steinen am Viehmarkt nichts wissen. Zum Glück für den Stadtkämmerer nahm das Land die Thermen unter seine Fittiche. Ein Architektenwettbewerb wurde ausgelobt. Wessen Entwurf für das geplante Museum der Bädergeschichte hat fast einstimmig gewonnen? Der des Kölners Oswald Mathias Ungers. Daß sein monumentaler Glaswürfel, der sich neben dem klotzigen Neubau der Sparkasse behaupten muß, auf soviel Liebe stieß, ist deshalb verwunderlich, weil sein Entwurf für die Neugestaltung des Raumes vor der Konstantin-Basilika nicht geschätzt wird.

Ungers beendete den freien Blick in den Palastgarten vom Konstantinsplatz, sorgte auch durch Abtragen eines Walles dafür, daß Fremdenführer und Studienräte des Feldherrenhügels entraten mußten. Aber vor allem schuf er eine schmale Halle mit vorgelagertem Säulenband, die der vornehmen Kargheit der Basilika einen zusätzlichen Akzent gibt. Gute Architektur, und wenn sie den Trierern nicht paßt, um so schlimmer für sie. Die Basilika entstand aus der imperialen Palast-Aula Konstantins, und sie ist nach Abbrüchen, Neu- und Umbauten zwar in einem apokryphen, aber wohl dem schönsten Zustand ihrer Geschichte. Zu Kaisers Zeiten im vierten Jahrhundert war sie bunt bemalt, reich geschmückt und gut geheizt. Heute ist sie nichts von alledem, und doch bringt sie die Gläubigen der evangelischen Gemeinde dazu, sich vor der Größe Gottes klein zu fühlen. Ungers wird zu den Postmodernen gezählt, und so einer ist in Trier im Prinzip verdächtig. Hier ist die Sehnsucht nach der Unvergänglichkeit der Welt Stein geworden – aber die Trierer sind schlau genug zu wissen, daß die Welt sich ändert. So schaffen sie es, Ungers zu lieben und gleichzeitig das Gegenteil zu tun. Ein zweites bemerkenswertes Beispiel moderner, guter Architektur ist die Universität auf den Höhen des Stadtteils Tarforst gleich hinter weinseligen Probierstuben in Olewig. Ein Campus ist entstanden für achttausend Studenten, die in einem vielfältig untereinander verflochtenen Ensemble von mehr oder weniger funktionellen Gebäuden leben, und das alles andere als schlecht. Es entstand aber viel mehr als eine Universität, nämlich unter Beteiligung privater Investoren ein neuer, kleiner Wohnstadtteil. Er ist mit den universitären Quadern, Kuben und dem anderen Gehäus' durch ein schönes Labyrinth von Wegen und Brücken verbunden. Die Uni präsentiert sich nach außen verhältnismäßig sauber, wohlerzogen und manierlich. Die Studenten sitzen hier oben keineswegs abgeschlossen, haben hier oben noch nicht einmal eine eigene Kneipenkultur entwickelt, sondern kommen zum Zechen brav herunter ans Zurlaubener Ufer, was die dortigen Gastronomen freut.

Bevor die Römer Trier als Augusta aufbauen konnten, mußten sie die aufsässigen Treverer unterwerfen. Seitdem sind die Bewohner zahm. Das zeigt sich auch an Kleinigkeiten. Gegenüber dem Jugendzentrum »Mergener Hof« der Marianischen Jünglings-Kongregation liegt ein Parkplatz, der durch eine lose Kette abgesperrt ist. Trotzdem bleibt er unangetastet. Trier, einzigartig unter Deutschlands Städten, angenehm und höflich.

Hier ist auch die Ironie zu Hause, was überall, auch in der Provinz, selten ist, aber schon bei der Behandlung des Marxschen Erbes sichtbar wurde. Trier wird vom Wegfall der europäischen Grenzen 1992 profitieren, aber schon heute bringt jeder, der ein paar tausend Mark sparen will, sie zu seiner Bank in Luxemburg, um der Quellensteuer zu entgehen. Das hat die Bürgerschaft nicht gehindert, sich um die Ansiedlung des neuen Bundesamtes für die »kleine Kapitalertragssteuer« zu bewerben. Man hatte Erfolg, schlug Saarbrücken aus dem Feld. Wie mögen Archäologen einst die Existenz dieser Behörde gerade hier interpretieren? Wohl so: als Denkmal für den unbekannten Steuerhinterzieher. Trier ist eben doch die Geburtsstadt des dialektischen Materialismus.

DAS FEST KLINGT AUS

BÄURISCHE SATYRN UND NIXEN DES WASSERS

Weinfest in Olewig

Ludwig Harig

1984

Es ist Anfang August, ein heißer Samstag mit Sommerfäden in der Luft. Früh fliegt das Mariengarn, die Spinnwebe blitzt im Licht, ein Büschel Engelshaar schwebt über die Dächer der Stadt. Die Hand der Nachmittagssonne drückt schwer auf die Flanke des Petrisberges, es dampft der Asphalt der Sickingenstraße, nur die Ameisen auf ihrem Laufpfad rennen Hals über Kopf, sonst herrscht mittelmeerische Kaffeestunde, und die Hotelgäste sitzen reglos unter breiten Markisen. Noch ist August, aber schon kündigt sich der Herbst an, früher als sonst, fett steht der Wein im Laub, die Trauben schwellen am Stiel, und Horaz, der gesellige Dichter des Kaisers, ruft ins 20. Jahrhundert herüber: »Jetzt laßt uns trinken! Jetzt mit entbundenem Fuß den Boden stampfen!«

Am St. Maximiner Kreuzberg biegen wir in den Weinlehrpfad ein. Hoch über dem Wingert schwebt ein Bussard, er kreist ohne Flügelschlag, kreuzt seine eigenen Schlingen einwärts und auswärts, wendet sich dem Wald zu und kehrt hinter der Wetterwarte ins Olewiger Tal zurück. Geräuschfetzen aus Lautsprechern dringen herauf, ein brüchiges Trompetengeschmetter, das Gemurmel einer Menschenmenge, ab und zu auch das Dröhnen eines alten Orchestrions, alles nur im unzusammenhängenden An- und Abschwellen einer halbbekannten Melodie, wie ein Schwall Orgelmusik.

Noch sind wir hoch im Weinberg, Riesling- und Ruländer-, Müller-Thurgau- und Bacchusrebe grünen am blanken Pfahl, die 35 Stationen »Sehenswertes und Merkwürdiges vom Anbau und Leben des Weinstocks« sind kein Kreuzweg auf die Höhe einer Schädelstätte, der Weg führt abwärts über graublauen oder rötlichen Devonschiefer, lehrreich und lobesam an den numerierten Farbtafeln eines Curriculums entlang. Im Spazierengehen lernen wir, was ein bodenbildendes Gestein und was ein wurzelechter Weinberg, was eine Drahtrahmen- und was eine Pfahlunterstützung, was ein Reihen- und was ein Stockabstand, was eine Seilzug- und was eine Direktzuganlage, was eine Unterlagen- und was eine Klonenprüfanlage ist. In der Klimahütte schwillt brav der Quecksilbertropf, im Propfrebenfeld bewährt sich die widerstandsfähige Amerikaner-Unterlage.

O ja, wir lernen spielend im Vorübergehen die Taktiken der Frost- und der Schädlingsbekämpfung, die Strategien gegen Reblaus und Stare, doch erst wenn der Hubschrauber über den dichten Reihen kreist und seine Gifte sprüht, dann sind die Paragraphen des Lehrbuchs keine Sandkastenspiele mehr. Was ist Rebschnitt? Was ist Rebraffen? Was ist Rigolen? im Deutschherrenberg und im Deutschherrenköpfchen, im Burgberg und im Jesuitenwingert, im Benediktinerberg und im Thiergarten. O ja, auf einem Abendspaziergang lernt es sich leicht, wir laufen uns den Hunger in den Bauch und den Durst in die Kehle, und Horaz ruft zu Recht: »Jetzt ist es hohe Zeit, der Götter Polster auszuschmücken mit Saliarischem Mahl, o Freunde!«

Und tatsächlich, durch die ganze Olewiger Straße zieht sich der Duft nach gegrilltem Fleisch, vor jedem Weingut sind Tische und Stühle aufgestellt, Holzfeuer brennen, und die Schwenkbraten brutzeln auf den fettigen Rosten. Auf dem Parkplatz an der Wegkreuzung dreht sich ein Kettenkarussell, vor dem Wirtshaus an der Ecke tanzt ein Pärchen zur Handharmonikamusik. Ringelspiel und Ringelpiez greifen auf die Straße über, und die Menschenschlange, die sich wegaufwärts zum Festzelt windet, drängt sich eng an die Markt- und Spielzeugbuden. Hier gibt es süße Spezialitäten, vom Besten das Beste, wie es heißt, gebrannte Mandeln und Magenbrot. Von unten her tönt Pfeifenklang, hoppla, Platz gemacht, die Winzertanzgruppe aus Fell marschiert durch die Straße, die Burschen haben ihre Schuhe blank geputzt und die Mädchen ihre Schürzen gestärkt.

Es ist heiß. Die jungen Rocker auf den Yamahas haben ihre Sturzhelme zu Hause gelassen, sie schieben ihre schweren Maschinen an die Bordsteine und knöpfen ihre Lederjacken auf. Ihre Mädchen tragen Bluejeans und die Büstenhalter ihrer Badeanzüge. Im Bach planscht ein Pudel, er läuft durch das gepflasterte Bachbett, springt auf den Fußgängersteg und schüttelt sein nasses Fell aus. Die Wasserperlen wirbeln durch die Luft und bespritzen eine Dame aus Essen, die eben aus ihrem Manta ausgestiegen ist. Die Dame ist ganz in Weiß gekleidet, sie trägt eine enge Hose und eine rosa Bluse darüber. In Gürtel und Haar steckt je eine Blume; die Blumen sind gleichfalls rosa gefärbt und stimulieren die Olewiger Männerwelt. Einer sagt: »Lo gucken se eich aan!« Und alle starren nach den rosa Plastikrosen. Schleppfüßig wälzt sich die Menge über das Pflaster, »bäurische Satyrn und Nixen des Wassers«, wie Ausonius, der Dichter des Trierer Kaisers Valentinian, in seinem Mosellied singt.

Jetzt sticht die Sonne nicht mehr so tief in die Schieferporen der Weinhänge, die Wärme hängt innen im Gestein und unter dem Segeltuch des Festzeltes an der Straßenkehre. Die gelbroten Fahnen baumeln schlaff an den Masten; es sind die Herzen, die flattern. Das Festzelt braust wie ein Bienenstock.

Schon erklingt griechische Schlagermusik aus den Lautsprechern, Vicky Leandros und Costa Cordalis singen von griechischer Sonne und griechischem Wein, sollte sich die organisierte Veranstaltung in ein wüstes bacchantisches Gelage verwandeln? Aber da tönt, laut und mit ordnender Hand, deutscher Trommelschlag, zuerst hört man nur bum, bum, bumbumbum, dann auch die Trompeten, die Becken, die Klarinetten; das Zelt dröhnt, wie schön klang doch eben noch die Gitarre von Costa Cordalis!

Schon haben die Ehrengäste Platz genommen, da sitzen sie alle, die schönen Wein- und Rosenköniginnen: Da sitzt die Luxemburger Weinkönigin aus Grevenmacher, und da sitzt auch schon die designierte Trierer Weinkönigin Alice I. mit Prinzessin Elke aus Oberbillig, da sitzen die Königinnen von der Saar und von der Ruwer, die Trierer Rosenkönigin und Prinzessin Angela. Ein Tusch vom Podium, ein wilder Trommelwirbel, die Pfeifen gellen, die Trompeten scheppern, stürmisch applaudiert die Menge: Ein Hoch der stolzen Königin!

Ja, da schreitet sie in das Festzelt ein, ein Mädchen trägt ein Schild voran, damit jedermann sehen und lesen kann, wer da kommt: Ulrike I. – Schweigend verharrt die tief ergriffene Menge. Die Königin ist blond und kräftig gewachsen wie Treberis, die Trierer Stadtgöttin im römischen Kalender auf das Jahr 354. Treberis, mit Helm und Schild und Lanze, ist gar nicht so martialisch, wie der erste Blick vermuten läßt. Sie trägt einen römischen Doppelrock über ihren muskulösen Beinen und läßt ihre rechte Brust aus der weiten Bluse gleiten. Becher und Schale, Kantharos und Trinkhorn schweben im Raum und ermuntern zum ausgelassenen Zechen. Ulrike I. trägt eine prächtige Krone und ein riesiges Weinglas wie Dornröschen im Theatermärchen. Jetzt schwingt sie das Zepter, und es wogt unter ihrem grünen Dirndlkleid. Die Kapelle auf dem Podium spielt die schneidigen Melodien, der Dirigent im Lockenkranz breitet seine Hände segnend über Glockenspiel und Klarinette, hoch über ihm an der Zeltwand thront Petrus mit dem Himmelsschlüssel.

»An der Mosel, an der Ruwer, an der Saar!« singt der »singende Kellermeister«, »an der Mosel, an der Ruwer, an der Saar / Ist der Wein und sind die Mädchen wunderbar!« Der Festpräsident begrüßt nun auch die Königinnen von der Nahe und von der Pfalz. Die französische, die luxemburgische, die deutsche Fahne wehen schwesterlich an schlanken Masten. Herr von Nell sagt: »Es lohnt sich immer, für Bacchus aktiv zu sein.« Als nächster ist der Oberbürgermeister an der Reihe, der Protektor des Festes. »Liebreizende Majestäten!« ruft er, »sehr verehrte Vorprotektoren«, er zitiert Adenauer, den alten Ehrenbürger von Trier, und sagt: »Wer keinen Wein mag, ist kein guter Mensch.«

O weh, jetzt müssen die Kellnerinnen doppelt geschäftig und dienstbar mit Kannen und Kantharoi hantieren. Sie rennen hin und her zwischen den Tischreihen, vertauschen die leeren mit vollen Flaschen, ja, wer möchte in diesem Augenblick kein guter Mensch sein? »Olewig, das Grinzing von Trier«, sagt der Oberbürgermeister, dann verbessert er sich und sagt: »Grinzing ist das Olewig von Trier.« Heftig droht er Petrus mit dem Finger, aber die Sonne hat ja wiedergutgemacht, was der Regen fast verdorben hätte. Noah hat sich einen Rausch angetrunken nach dem letztjährigen Dauerregen, des stürmischsten Applauses sicher, sagt der Oberbürgermeister: »Unser Tropfen ist so ehrlich wie die Menschen, die hier sitzen.« Die Trierer und die Olewiger schauen einander in die Augen, und keiner schlägt sie schamhaft nieder. Da kann auch der singende Kellermeister im blau-weiß gestreiften Kittel und blauer Schürze nicht länger still sitzen; er springt auf das Podium und kündigt lauthals die schöne Regentin an. O du unnahbare Königin von Trier, Ulrike reckt wieder das Zepter, wieder wogt es über ihr grünes Kleid. Sie rezitiert Ausonius, ruft: »Berge mit Wein in prächtigem Zug! Welch reizender Anblick / Hier, wo der Kamm des Gebirgs mit steilabfallenden Hängen / Aufsteigt, Felsen und sonnige Höhn, und Buchten und Schluchten / Rebenbekränzt aufziehn im natürlichen Amphitheater!«

»O Mosella!« ruft Ulrike aus und hält ihre königliche Rede. Sie vertritt ja »das schönste Gottesgeschenk, den Wein«, sie erinnert zwar an die mißlichen Witterungsverhältnisse und an die unselige Anpassung an den Europäischen Markt, »es gibt aber auch schöne Stunden«, sagt sie, ja, es ist ein schweres, jedoch auch ein überaus schönes Amt. Nun kündigt der Kellermeister den Höhepunkt an. Die Krönungsfanfare ertönt, Applaus und ein

Die Römerbrücke aus dem 2. Jahrhundert n. Chr.
Sie ist der älteste Brückenbau nördlich der Alpen,
der noch heute dem Verkehr dient

feierliches Raunen. Rita I., die deutsche Weinkönigin, krönt Alice, was für ein Augenblick für die ganze Familie! Das Zepter wechselt von Ulrike zu Alice über, und die Winzertochter erfüllt ihre erste Pflicht einer Königin: Sie hält ihre Thronrede. Ist Alice nicht die Botschafterin ihrer eigenen Erzeugnisse? O ja, und sie ruft: »Genießen Sie heute! Bleiben Sie aber dem Trierer Wein weiterhin treu!« Da spielt die Musikkapelle ganz beseligt: »Ein Prosit, ein Prosit der Gemütlichkeit!«, denn so ausgewogen und so herzergreifend hat bislang noch niemand gesprochen. Mag da die deutsche Weinkönigin länger säumen? Machtvoll ergreift sie das Wort und weist darauf hin, wie nötig es ist, den Menschen den Wein näherzubringen. Aber die Festgäste sind längst schon zusammengerückt und haben begriffen, daß der Wein mehr als nur ein Getränk ist. Rita I. darf bis zu den Römern, ja, sie darf bis zu den Griechen zurückgehen und sagen, der Wein sei eine dionysische Idee.

Da rücken alle Olewiger Satyrn an ihren Krawatten und greifen verwegener nach den gefüllten Gläsern. Jeder schwenkt jetzt seinen Kantharos, und die Trierer Mänaden klopfen heftiger auf ihre Tympanons. Trinkhorn und Handpauke schlagen gegeneinander, und es lärmt durch das verrauchte Zelt. Sie sitzen bei Nektar und Ambrosia, während draußen die Nacht auf den Weinbergen liegt. Nymphen und Waldgeister, gehörnt und geschwänzt, schwärmen im Freien und folgen dem Olewiger Dionysos. Jetzt ist er noch heiter, bald aber fällt er in wahnhafte Raserei und ruft die Satyrn zum Tanz, ganz wie es im alten Hymnos heißt: »Er begann zu wandern ohne Unterlaß durch die waldigen Schluchten, mit Lorbeer bedeckt und mit Efeu. Und die Nymphen folgten seinem Zug, und der grenzenlose Wald widerhallte von ihrem Schrei.«

Auch ins Olewiger Festzelt ist der dionysische Hymnos eingezogen, denn es dröhnen die Pauken, und es klingen die Gläser im Potpourri des singenden Kellermeisters. Der ist ganz außer sich, fuchtelt mit den Armen, schlenkert mit den Beinen. Es perlt der Schweiß, es perlt der Wein, es perlt die Träne der dionysischen Raserei. In diesem Augenblick springt eine Winzertanzgruppe auf die Bühne, im Nu sind die Paare geordnet, ja, im Jahr der Olympischen Spiele haben auch sie eine bronzene Medaille errungen. Es leuchten die weißen Strümpfe und Blusen, die roten Westen, die schwarzen Hosen, die Röcke der Mädchen und die frisch gewaschenen Haare der Burschen fliegen, die Burschen blähen ihre Brust, und die Mädchen schauen kühn und herausfordernd auf ihre Hosenbeine. Das Schlußbild ist akrobatisch, mit Pirouette und Flugnummer wie in der Zirkusrevue. Vielleicht hat der Choreograph eine Idee zu hoch gegriffen, spanische Kastagnetten und holländische Holzschuhe zerteppern die sanfte Olewiger Weinseligkeit.

Am Ende winken die Mädchen mit roten Tüchern, die Geigen schwirren ätherischer, die Gläser klirren sylphidischer, und der Tabaksqualm steigt zu Petrus an der Zeltwand auf. Schon schunkeln die Königinnen mit dem Magistrat, das Schunkeln greift über, und bald ist das ganze Zelt ein einziges Marionettentheater. Oh, so viele Königinnen auf einen Schlag gibt es nur beim Weinfest an der Mosel! Der Oberbürgermeister sonnt sich in ihrer Mitte, die Mosel-Saar-Ruwer-Königin neigt sich zu ihm hinüber, er nimmt artig die Pfeife aus dem Mund und antwortet ihr mit aufgeschlagenen Augen. Aber rasch setzt er das Glas an die Lippe und trinkt, vielleicht hat er noch keine passende Antwort gefunden.

Die Gebietsweinkönigin hilft ihm aus seiner Verlegenheit. Sie kann ihren Ausonius auswendig aufsagen, ja, immer noch ist Ausonius der klassische Sänger der Mosel, noch nach fast 2000 Jahren. Kaiser Valentinian hatte ihn zur Erziehung seines Sohnes Gratian nach Trier gerufen, Ausonius war aus Bordeaux gekommen, auch aus dem Wein, und hier im Moselland gedenkt er seiner Heimat und singt: »So auch malt sich die Rebe daheim in der goldenen Garonne.« Die Königin greift sein Wort auf und rezitiert weiter: »Arbeitsfreudiges Volk und emsig beschäftigte Winzer / Tummeln sich bald auf den Höhn, bald eilen ins Tal sie hinunter, / grölen dabei um die Wette wie närrisch.«

Die Rostwurst brät, die Kotelette schmoren, türkischer Honig und gebrannte Mandeln verlocken zur römischen *secunda mensa*, damit der Durst immer größer und der Rausch immer tiefer werde. Sind nicht schon den Tischgenossen nach römischer Sitte Blumenkränze ins Haar gewunden? Trägt nicht das Heer der Regentinnen die römische Traube am Gürtel? Das ganze Festzelt ist auf einmal ein lateinischer Palast mit Feuerwerk und Pantomime. Der Ausschank ist zum Schauspiel, das Trinkgelage zum Theaterstück geworden. Römische Ausschweifung hat um sich gegriffen, die bunten Glühbirnen an den Elektrogirlanden sind tausend Sterne am lateinischen Nachthimmel.

Der rheinland-pfälzische Minister und der Oberbürgermeister, zwei römische Prätoren, haben jetzt die Jacken und Krawatten abgelegt, sie singen und schunkeln, sie greifen nach dem Mikrophon und recken die freien Hände in den Tabaksqualm. »Trink, trink, Brüderlein trink!« klingt es über die Tische hinweg, und das ganze Zelt bebt in seinen Grundfesten. Am Ende herrscht der HiFi-Klang des 20. Jahrhunderts, die Musikkapelle, die als rheinländisch-pfälzischer musikalischer Repräsentant in New York gewesen ist, intoniert die Glenn-Miller-Story mit Ruwer-Sound. Auf ihrem Trommelfell ist aufgemalt: »Ruwerthaler Qualitätswein Erzeugerabfüllung.«

Schon wanken die ersten bäurischen Satyrn mit ihren Nymphen aus dem Zelt, ein kahlköpfiger Silen lehnt am Mittelmast, eine schwer gegürtete Halbgöttin hält ihre Hand auf den Kopf eines gefesselten Germanen wie Treberis im alten römischen Kalender. Der Cicero vom »Trierischen Volksfreund« führt seinen Kugelschreiber schamlos über das Papier spazieren. Hat nicht schon der römische Cicero geschrieben: »Die einen werden wie tot davongetragen, die andern bleiben besinnungslos auf dem Fußboden liegen; man könnte eher meinen, das Schlachtfeld von Cannae als das Gastmahl eines Prätors vor sich zu sehen!«

Der nächtlichen Probe folgt die sonntägliche Segnung des Weins. Die Kirche von Olewig ist vollbesetzt, die Ministranten, frisch gebadet und gekämmt, klingeln heftiger als sonst mit ihren Glöckchen, der Weihrauch duftet, die Orgel dröhnt, vielstimmig ist der Gesang. In den Glasfenstern über dem Altar sind zwei Brote und ein großer Kelch zu sehen, aber der Pastor sagt: »Wenn du nur an Essen und Trinken denkst, bist du verloren.« Heftiger duftet der Weihrauch, inbrünstiger singt der Chor, der Pastor biegt das Mikrophon vor seinen Mund und betet laut.

Jetzt tritt die Weinkönigin mit ihren Prinzessinnen aus der Bank. Sie tragen zwei Flaschen Wein zum Altar und knien nieder, in herrschaftlicher Demut. »Segne, o Herr, diese Trauben«, ruft der Pastor aus, »segne, was Du uns zum frohen Genuß bescherst«, sagt er, als habe er sich eines anderen besonnen. Im nächsten Augenblick verwandelt er den Wein, theatralisch schwenkt er den Weihwasserkessel, tiefgebeugt beten Königin und Prinzessinnen, und die Blitzlichter des Fotografen erleuchten das festlich dekorierte Chor. Auch die Sonne wirft ihr Licht durch die Glasfenster, daß die Brote strahlen und der Wein im Pokale nur so glänzt.

Der Pastor, Symbolist, zeigt die Hostie und das gefüllte Weinglas vor, und mitten in den Spätsommermorgen sagt ein übernächtigter Satyr von der Mosel: »Wie der Herr, so's Gescherr!« Dann essen und trinken die Ministranten, feiert die Gemeinde das römisch-katholische Mahl. An der Kirchentür liegen Pfarrbriefe und Ehetraktate in einer Pappschachtel mit dem Aufdruck: »Wein vergoldet jeden Tag.« Draußen steht ein Pärchen, Hand in Hand, ein Junge und ein Mädchen in Schürzenhosen. Auf ihrer Hose ist eingestickt: »Hans« und auf seiner: »Grete«; es ist ein deutsches Paar, mitten im römischen Spätsommer von Olewig.

ANHANG

SEHENSWÜRDIGKEITEN

Porta Nigra, Kaiserthermen, Amphitheater

1. 1.-31. 3.: täglich 9-17 Uhr; 1. 4.-30. 9.: täglich 9-18 Uhr; 1. 10.-30. 11.: täglich 9-17 Uhr

Barbarathermen

1. 1.-31. 3.: 9-13 Uhr, 14-17 Uhr; 1. 4.-30. 9.: 9-13 Uhr, 14-18 Uhr; 1. 10.-31. 11.: 9-13 Uhr, 14-17 Uhr

Römische Palastaula (Basilika), Evangelische Erlöserkirche

Telefon (0651) 72468

Ostersamstag bis 31. Okt.: werktags 9-13 und 14-18 Uhr, sonn- und feiertags 11-13 und 14-18 Uhr; 1. November bis Karfreitag: werktags 11-12 und 15-16 Uhr, sonntags 11-12 Uhr, montags geschlossen

Dom- und Liebfrauenkirche

1. November bis 31. März: täglich 6-12 und 14-17.30 Uhr; 1. April bis 31. Oktober: täglich 6 bis 18 Uhr

Domschatzkammer

Sakrale Kunst der Spätantike und des Mittelalters

1. November bis 31. März: werktags 10-12 und 14-17 Uhr, sonntags 14-16 Uhr; 1. April bis 31. Oktober: werktags 10-12 und 14-17 Uhr, sonntags 14-17 Uhr

St.-Paulin-Kirche (Trier-Nord)

Telefon (0651) 24010 und 24019

Ein Juwel des Rokoko im Rheinland. 1734-1751 nach Plänen Balthasar Neumanns errichtet, Hochaltar von Ferdinand Tietz, Deckengemälde von Scheffler. Restaurierte Orgel von 1756.

Täglich 8-18 Uhr. Freitag vormittag geschlossen.

St.-Matthias-Abteikirche (Trier-Süd)

Täglich 7-18 Uhr

Romanische Abtei und Pfarrkirche des 10./12. Jahrhunderts mit dem Grab des Apostels Matthias.

Sonntagsvormittags wegen Gottesdienst keine Besichtigung möglich.

Besichtigung der frühchristlichen Grabanlagen unter dem Friedhof von St. Matthias für kleinere Gruppen nach Anmeldung beim Pfarramt, Telefon (0651) 32634.

MUSEEN

Städt. Museum Simeonstift (an der Porta Nigra)
Telefon (0651) 718-2449
Rheinisches Landesmuseum, Weimarer Allee 1
Telefon (0651) 43588 und 43589
Bischöfliches Dom- und Diözesanmuseum Trier, Windstraße 6-8
Telefon (0651) 7105-255
Schatzkammer und Ausstellung der Stadtbibliothek, Weberbach 25
Telefon (0651) 718-2435/2430
Archäologische Original- und Abgußsammlung des archäolog. Instituts der Universität Trier, Trier-Taforst
Telefon (0651) 201-2429
Kultur- und Kommunikationszentrum Tuchfabrik Trier e. V., Weberbach/Wechselstraße
Telefon (0651) 40717 und 7184479, Telefax (0651) 44823
Studienzentrum Karl-Marx-Haus, Johannisstraße 28
Telefon (0651) 43011, Telefax (0651) 43014
Karl-Marx-Haus, Museum, Brückenstraße 10
Telefon (0651) 43011, Telefax (0651) 43014
Spielzeugmuseum, Nagelstraße 4-5
Telefon (0651) 75850
Jüdischer Friedhof, Weidegasse
Gräberfeld mit Bestattungen aus 3 Jahrhunderten, u. a. Großvater und Urgroßvater von Karl Marx.
Besichtigung nach Voranmeldung bei Herrn Schwebel. Telefon (0651) 30633.

Kunsthandwerkerhof, Simeonstiftplatz 2
Informationen über Kunsthandwerk, Beratung, praktische Vorführung und Verkauf.
Geöffnet: montags bis freitags: 9-18.30 Uhr, samstags: 9-14 Uhr

Glasbläser, Glasdekor Telefon (0651) 42991, Glasmalerei Telefon (0651) 75823

Europäische Akademie für bildende Kunst, Aachener Straße 63, Telefon (0651) 88700

SEHENSWÜRDIGKEITEN DER NÄHEREN UMGEBUNG

Römische Villa Nennig

Telefon (06866) 1329

Im zentralen Festsaal der römischen Prunkvilla (140 x 80 m) von Nennig/Obermosel liegt das 1852 endeckte Mosaik (10,3 x 15,65 m) mit seinen Bildern aus dem Amphitheaterleben. Mit seinen buntfigürlichen Bildern und den verwirrenden geometrischen Mustern ist das Mosaik eines der schönsten und größten nördlich der Alpen.

Römische Villa Otrang

Fließem/b. Bitburg, Telefon (06569) 807

5 km nördlich der früheren römischen Straßenstation Beda vicus (der heutigen Kreisstadt Bitburg) finden Sie guterhaltene Reste des Herrenhauses eines römischen Gutshofes.

Römischer Tempelbezirk bei Tawern

Frei zugänglich, ganzjährig geöffnet

Auskünfte: Ortsgemeinde Tawern, Telefon (06501) 16932

Oberhalb der Ortsgemeinde Tawern auf dem Metzenberg an der Römerstraße Metz–Trier gelegen

Römervilla in Konz

Frei zugänglich. Als Zeugnis der römischen Kultur steht die Ruine einer großen Kaiservilla zwischen der Kirche St. Nikolaus und dem Friedhof.

Spätrömische Weinkelteranlage in Piesport

Auskünfte: Ortsgemeinde Piesport, Telefon (06507) 2028

Am linken Moselufer unmittelbar westlich des Ortes gelegen.

Igeler Säule, Igel

Lage: 8 km oberhalb Triers an der Mosel am Originalstandort in der Ortsmitte.

Grabmonument der Tuchhändlerfamilie der Secundinier um 250 n.

Chr. Größtes römisches Pfeilergrab nördlich der Alpen, etwa 23 m hoch.

Römische Villa Mehring

Auskünfte: Verkehrsamt der Römischen Weinstraße, Schweich, Telefon (06502) 4070

Lage: rechts der Mosel auf Freigelände im Ortsbereich.

Eines der größten Herrenhäuser des Trierer Landes (Villa rustica). Der Grundriß entspricht dem weitverbreiteten Vilentyp »Bollendorf« mit zwei Eckrisaliten (Ecktürmen) und dazwischenliegendem Portikus (Säulengang). Gut erhalten ein Präfurnium (Feuerungsstelle), daneben Reste von Mosaiken, einer Fußboden- und Wandheizung sowie einer Badeanlage mit Latrine.

Römische Villa Longuich

Auskünfte: Verkehrsamt der Römischen Weinstraße, Schweich, Telefon (06502) 4070

Römische Wasserleitung bei Waldrach

Auskünfte: Verkehrsamt Ruwer, Rheinstraße 44, Trier, Telefon (0651) 55124.

Oberhalb Waldrach ist auf einem Parkplatz der Ruwertalstraße eine Nachbildung der römischen Wasserleitung zu sehen, die Bauweise und Querschnitt anschaulich demonstriert.

Römische Wasserleitung in Pölich

Oberhalb des Ortes gelegen. 1987 teilweise freigelegt. Es handelt sich hierbei um einen aus dem Fels gehauenen Wasserleitungsschacht von durchschnittlich 1,20 m Höhe, der in regelmäßigen Abständen Einstiegsschächte aufweist. Die relativ aufwendige Wasserleitung führt zu einer größeren Badeanlage, die zu den bestausgestatteten des Trierer Landes zählt. Reste von Mosaiken und Marmorböden zeugen davon. Frei zugänglich.

FESTE UND VERANSTALTUNGEN

Altstadtfest Trier: 26. bis 28. Juni
Peter-und-Paul-Messe: Ab 26. Juni
Traditioneller Trierer Handwerkermarkt: 4. bis 5. Juli
Trierer Sommertreff: Mai bis September
Orgeltage im Trierer Dom: Mai bis Juni
Sommerliche Orgelkonzerte: Juli und August
Moselfest Zurlauben: 10. bis 13. Juli
Weinfest in Trier (Olewig): 31. Juli - 3. August
Trierer Blumentage: 29./30. August
Trierer Weinmarkt: 25. bis 27. September
Trierer Weihnachtsmarkt: 27. November bis 23. Dezember

TOURISTENINFORMATION

Tourist-Information Trier, Stadt und Land e.V., Simeonstift, Telefon (0651) 9780-821, Telex 472689 tit d. Btx-Leitseite Nr. 40033. Telefax (0651) 44759.

Balthasar Alff,

Groß nur noch durch seinen Namen, S. 118. Aus: Flug des Gottes Merkur von Köln nach Trier [1698]. In: Emil Zenz, Stimmen über Trier. Trevirensia-Drucke, hrsg. v. W. Bracht. Trier 1952, S. 58.

Alkuin,

Alt ist Trier, S. 84. Aus: Opera. Patrologia Latina, Hg. J. P. Migne, Bd. 100/01, 1863. Übersetzung des Herausgebers.

Stefan Andres,

Erhabene Stadt der Trierer, S. 171. Aus: Merian – Städte und Landschaften. Heft »Trier«. Hoffmann und Campe Verlag, Hamburg 1949. Mit freundlicher Genehmigung von Frau Dorothee Andres.

Stefan Andres,

Rommerombomm, S. 39. Aus: Stefan Andres, Der Knabe im Brunnen. Roman. © R. Piper & Co. Verlag, München 1953. S. 179-189.

Ausonius [Decimus Maximus Ausonius],

Die Stadt des Reichs würdig, S. 70. Aus: Mosella, 20-30; 295-320. Zitiert nach: Des Decius Magnus Ausonius Gedicht von der Mosel. In metrischer Übersetzung, mit erläuternden Anmerkungen von F. Lassaulx. Koblenz, Jahr Zehn der Republik, S. 9-12; 51-55.

–, Wer wird von mir dann nicht gepriesen sein? S. 74. Aus: Mosella, 399-414. Zitiert nach: Heinz Heinen, Trier und das Trevererland in römischer Zeit. © Spee-Verlag Trier 1985, S. 313.

–, Rangordnung berühmter Städte, S. 75. Aus: Ordo Urbium nobilium. Zitiert nach: Heinz Heinen, Trier und das Trevererland in römischer Zeit. © Spee-Verlag Trier 1985, S. 255.

Arimasper,

Mögen die Götter sie behüten, S. 75. Grabschrift des Arimasper. In: Heinz Heinen, Trier und das Trevererland in römischer Zeit. © Spee-Verlag Trier 1985, S. 318.

Aurelius Augustinus,

Doch war's in Trier, S. 77. Aus: Confessiones, VII, 6-7. Zitiert nach: Augustinus, Bekenntnisse. Lateinisch und Deutsch. Eingeleitet, übersetzt und erläutert von Joseph Bernhart. © 1955 by Kösel-Verlag GmbH & Co. München, S. 389-391.

Otto Brüess,
August 1944, S. 209. Aus: Feuilleton der Kölnischen Zeitung vom 22. 8. 1944. © M. DuMont Schauberg Verlag, Köln

Damian Cardon,
Zur politischen Neugestaltung 1815, S. 141. Brief vom 26. Januar 1815 an Freiherr von Hügel, ehem. kurtrierischer Regierungskanzler. Im Besitz von Frau Ellen Sommer-von Seckendorff, Freiburg. Abgedruckt in: Trierisches Jahrbuch 1957, S. 55 ff.

Carmina Burana,
Stadt der Städte, S. 86. Aus: Bibliothek des Mittelalters. Hg. von Walter Haug. Band 13: Carmina Burana, S. 650-653. © Deutscher Klassiker Verlag Frankfurt am Main 1987.

Conrad Celtis,
In euren grauen, ruhmbekränzten Mauern, S. 105. Üb. v. Haupt. In: Theodor von Haupt, Panorama von Trier mit seinen Umgebungen. Trier, J.J. Lintz, 1822, S. 180-181.

François René Vicomte de Chateaubriand,
Emigrant in Trier, S. 128. Aus: Erinnerungen. Neu übertragen, herausgegeben und mit einem Nachwort von Sigrid von Massenbach. © Nymphenburger Verlagshandlung, in der F.A. Herbig Verlagsbuchhandlung, München 1968, S. 178-180.

Codex Theodosianius,
Die höchstberühmte Stadt Trier, S. 76. Cod. Theod. XIII; 3, 11. Edikt der Kaiser Valens, Gratian und Valentinian II. In: Heinz Heinen, Trier und das Trevererland in römischer Zeit. © Spee-Verlag 1985, S. 349-350.

Eumenius,
Preis der Augusta Treverorum, S. 69. Panegyricus vor Constantius, 298 n. Chr. Panegyrici latini: E. Galletier, Panégyriques latins, 3 Bde., Bd. III, S. 402, Paris 1949-1955. Übersetzung des Herausgebers.

Venantius Fortunatus,
Immer noch Hauptstadt ist's, S. 80. Aus: De navigio suo. Übersetzung des Herausgebers.

Michael Freitag,
Stadt der Kaiser, S. 220. Aus: Frankfurter Allgemeine Zeitung, Magazin, Heft 456 vom 25. 11. 1988, S. 37-46.

Stefan George,
Porta nigra, S. 37. Aus: Werke. Ausgabe in zwei Bänden. Helmut Küpper vormals Georg Bondi, München und Düsseldorf 1958, S. 233-234. © Verlag Klett-Cotta, Stuttgart, 4. Aufl. 1984

Philipp Wilhelm Gercken,
Die prächtige Lage der Stadt, S. 121. Aus: »Reisen durch Schwaben, Baiern, die angränzende Schweiz, Franken, die Rheinischen Provinzen und an der Mosel in den Jahren 1779 bis 1785.« Stendal 1788, S. 370f.

Gesta Treverorum,
Die Taten der Trierer, S. 85. Aus: Gesta Treverorum, hrsg. v. G. Waitz, in: Monumenta Germaniae Historica, Scriptores VIII, 1948. (Nachdruck 1963), S. 130-174 [Auszüge].

Johann Wolfgang Goethe,
Trierische Hügel beherrschte Dionysos, S. 121. Aus: Goethes Werke. Münchner Ausgabe: Band 4, 1. München 1968, S. 656. (Goethe-und-Schiller-Archiv Weimar: 25/V1, 11)

–, Die Stadt an sich hat einen auffallenden Charakter, S. 122. Aus: Goethes Werke. Herausgegeben im Auftrage der Großherzogin Sophie von Sachsen. I. Abteilung, 33. Band, Weimar 1898, S. 162ff. © 1887-1919 Verlag Hermann Böhlaus Nachfolger, Weimar (dtv-Nachdruck).

Josef von Görres,
Wallfahrt nach Trier, S. 155. Aus: Die Wallfahrt nach Trier. Regensburg: G. Joseph Manz, 1845, S. 12-13.

Ludwig Harig,
Bäurische Satyrn und Nixen des Wassers. Weinfest in Olewig, S. 235. Aus: Trierer Spaziergänge. © 1983 Carl Hanser Verlag München Wien, S. 145-156.

Ricarda Huch,
Denkmal des Lebens, S. 179. Aus: Richarda Huch, Neue Städtebilder. Im Alten Reich. Band 2. Verlag Grethlein & Co., Leipzig und Zürich 1929. S. 18-34. © Mit freundlicher Genehmigung von Alexander Böhm.

Norbert Jacques,
Geheimnis des Moselweins, S. 55. Aus: Merian, 4. Jahrgang 1952, Heft 11 »Die Mosel«, S. 49-54. Hoffmann und Campe Verlag, Hamburg.

Erhart Kästner,
Überall wo auf Antikem weitergelebt worden ist, S. 29. Aus: Erhart

Kästner, Der Hund in der Sonne und andere Prosa: Väter und Söhne, S. 49-50. © Suhrkamp Verlag Frankfurt am Main 1975.

Wolfgang Kaussen,

Porta nigra, S. 51. Aus: Wolfgang Kaussen, Quadriga. Brandenburgische Sonette. © S.P.Q. Frankfurt am Main 1992, S. 107.

–, Du, heilige Stadt, S. 31. Erstveröffentlichung. In: Wolfgang Kaussen, Kunstkammer. © S.P.Q. Frankfurt am Main 1994.

Michael Felix Korum,

Anteil der herrlichen Vergangenheit, S. 164. Predigt Bischof Michael Felix Korums am 5. Oktober 1881. Aus: Emil Zenz, Stimmen über Trier. Trevirensia-Drucke, hrsg. v. W. Bracht. Trier 1954, S. 75.

Bartholomäus Latomus,

Edle Männer von Trier, S. 112. Aus: „Trierische Heimat"; übersetzt von H.J. Mörsbacher, Jg. 1925/26.

Legenden,

Helena erwirbt den Heiligen Rock, S. 97. Aus: Kaiserin Helena. Leben und Legenden. Herausgegeben vom Slavischen Institut, München 1967, S. 56-57.

–, Der Helenenbrunnen in Euren, S. 101. Aus: Kaiserin Helena. Leben und Legenden. Herausgegeben vom Slavischen Institut, München 1967, S. 58-59.

–, Der Domstein, S. 102. Nach: Philipp Laven, Triers Wahrzeichen. In: Trier und seine Umgebungen in Sagen und Liedern. Jacob Lintz, Trier 1851, in: Legenden vom Heiligen Trier. Gesammelt und neugefaßt von N. Lackas, Trier. Saarbrücker Druckerei und Verlag 1933, S. 27-31.

[Papst] Leo X.,

Das zweite Rom, S. 110. Aus: Zur Geschichte des hl. Rockes bis zum Ausgange des 12. Jahrhunderts. Trier o. J. [1890]. S. 121-122.

Jenny Marx,

In Trier, S. 158. Aus: Briefe von Liselotte von der Pfalz bis Rosa Luxemburg. Hrsg. von Claudia Schmölders. Insel Verlag Frankfurt am Main 1987, S. 94-97.

Jakob Meelbaum,

Ihr Bürger von Trier, S. 115. Aus: Sylva academica. »Apostrophe ad Trevirum« [o. p. Schlußstrophe], Trier 1657.

Helmuth von Moltke,
Trier ist wunderhübsch, S. 161. Brief an Frau von Moltke vom Oktober 1847. Aus: Briefe des Generalfeldmarschalls H. v. Moltke an seine Braut und Frau, Berlin 1892.

Sebastian Münster,
Kein ältere Statt, S. 115. Aus: „Cosmographia Universalis". Basel: Heinrich Petri, März 1550, S. 100. Stadtbibliothek Trier: 1/28 4.

Aufenthalt Kaiser Napoleons zu Trier,
S. 132. Auszüge aus: »Beschreibung der Feierlichkeiten, welche bei der Ankunft und während dem Aufenthalte Ihrer Majestät des Kaisers Napoleon zu Trier statt gehabt haben. Gesammelt und herausgegeben von Johann Anton Schröll, Buchhändler zu Trier. Trier, gedruckt mit Hetzrodtischen Schriften im Monat Vendemiaire 13. Jahrs.«

Orendel von Trier und der Heilige Rock,
S. 89. Aus: Das Moselland. Von Richard Wirtz. 2. veränderte und verbesserte Auflage. Druck und Verlag der Paulinusdruckerei GmbH, Trier o. J., S. 56-58.

Eugenio Pacelli (Papst Pius XII.),
Heiliges Land, S. 197. Rede an Trier, gehalten 1927 aus Anlaß seines Besuches. Abschrift des Manuskripts, Bistumsarchiv Trier. In: St.Matthias Trier. Festschrift zum 30.4.1967, S. 15.

Alfons Paquet,
Zuflucht der römischen Adler, S. 204. Aus: Alfons Paquet, Die Mosel. Frankfurter Zeitung – Berichte und Bilder – vom 4. 10. 1942. Mit freundlicher Genehmigung von Sebastian Paquet.

Ambrosius Pelargus,
Triers große Vergangenheit, S. 113. Aus: Brief Ambrosius Pelargus an Erasmus von Rotterdam vom 1. September 1534. Aus: E. Zenz, Stimmen über Trier. Trevirensia-Drucke, hrsg. v. W. Bracht. Trier 1952, S. 33.

Philanthrop,
Trier, S. 146. Aus: »Philanthrop«, Gratiszugabe für die resp. Abonnenten der Trierschen Zeitung, 1840. In: Trier und die Trierer in Briefen geschildert. Neu herausgegeben von Wilhelm Bracht. Paul List Verlag Leipzig [1941], S. 1-17; 24-26; 39-40; 44-45; 52-54 [Auszüge].

Werner Picht,
Die Frucht der Zerstörung, S. 212. Aus: Merian – Städte und Land-

schaften. Heft »Trier«. Hoffmann & Campe Verlag, Hamburg 1949 (der Beitrag erschien unter dem Pseudonym »Max Meister«).

Pomponius Mela,

Eine blühende, reiche Stadt, S. 69. Aus: De chorographia III 20. Zitiert nach: Heinz Heinen, Trier und das Trevererland in römischer Zeit. © Spee-Verlag 1985, S. 52.

Simon Richwin,

Die Trierer, S. 114. Aus Brief Simon Richwins an Sebastian Münster vom Jahre 1547.

Benno Reifenberg,

Fahrt durch Nacht und Zeit, S. 197. Aus: Reichsausgabe der Frankfurter Zeitung v. 12. 1. 1941 (der Beitrag war damals mit dem »-den« gezeichnet). Mit freundlicher Genehmigung von Jan S. Reifenberg, Brüssel.

Friedrich von Reiffenberg,

Die hochberühmte Nymphe, S. 120. Aus: Friedrich von Reiffenberg, Sylvae. Köln 1762, S. 24-27.

Carl Rosport,

Moselfisch und Viez, S. 60. Erstveröffentlichung für den vorliegenden Band.

Salvian,

Die vornehmste Stadt Galliens, S. 79. Aus: De gubernatione Dei VI, 72-89. Übertragung des Herausgebers.

Viktor von Scheffel,

Hauptstadt des sinkenden Römerreichs, S. 164. Aus: Viktor von Scheffel, Brief an den Maler Anton von Werner, Mai 1868.

Ernst von Schiller,

Man müßte ein Buch schreiben, S. 143. Jüngster Sohn Friedrich von Schillers, Landgerichtsrat in Trier in den Jahren 1828-1835. Briefe an Emilie von Schiller [seine Schwester] vom 1. Juni 1828, ff. In: Karl Schmidt, Schillers Sohn Ernst. Paderborn 1893, S. 332f.

Diebold Schilling,

Das Fürstenmahl zu Trier 1473, S. 93. Aus: »Chronik der Burgunderkriege«. Handschrift in der Stadtbibliothek Bern: Ms. Helv. I 1 u. 2 – Ms. hist. Helv. I,3; Blatt 85. Abgedruckt in: Trierisches Jahrbuch 1957, S. 20 ff.

Karl Friedrich Schinkel,
Deutsches Italien, S. 143. Aus: Karl Friedrich Schinkel, Reise nach Paris [1826]. Berlin 1831.
Matthias Schrecklinger,
Weltstadt im Winkel, S. 20. Aus: Merian, 4. Jahrgang 1952, Heft 11 »Die Mosel«, S. 54-60. Hoffmann & Campe Verlag, Hamburg. Mit freundlicher Genehmigung von Frau Wilma Schrecklinger.
Peter Schroeder, gen. Peter von der Mosel,
Wat dän aale Trierer Kraone verzehlt, S. 62. Aus: Peter von der Mosel, Mei Buder on Eich. Moselländische Geschichten und Gedichte. Spee-Verlag, Trier 1975, S. 161-162.
Curt Schweicher,
Das römische Stadttor »par excellence«, S. 45. Aus: HB-Kunstführer Trier, Nr. 23, S. 15-18. © 1987 HB Verlags- und Vertriebsgesellschaft mbH, Hamburg.
Silvesterdiplom,
Vaterstadt der Herrin und Kaiserin Helena, S. 84. Aus: Zur Geschichte des hl. Rockes bis zum Ausgange des 12. Jahrhunderts. Trier o. J. [1890], S. 26-27.
Trebeta – Die Trierer Gründungssage,
S. 92. Aus: Vor Rom stand Trier, Die Trierer Gründungssage von Dr. Hermann Knaus. Trier 1948, S. 17.
Universität,
Trier, die Stätte der Wissenschaft, S. 96. Päpstliche Gründungsbulle der Universität von 1473. Zitiert nach: Emil Zenz, Stimmen über Trier. Trevirensia-Drucke. Hrsg. v. W. Bracht, Trier 1952, S. 26.
Godefried von Viterbo,
Trier, das belgische Rom, S. 88. Aus: Chronikon. Zitiert nach: Emil Zenz, Stimmen über Trier. Trevirensia-Drucke. Hrsg. v. W. Bracht, Trier 1952, S. 20.
Zeugenbericht,
Kaiser Maximilian in Trier, S. 108. Aus: Zur Geschichte des Hl. Rockes bis zum Ausgange des 12. Jahrhunderts. Trier o. J. [1890], S. 113-116.
Fedor von Zobeltitz,
Rom an der Mosel, S. 167. Aus: Fedor von Zobeltitz: Rom an der Mosel. Hamburger Nachrichten, 1916.

ZU DIESER AUSGABE

Eine Reihe von Texten wurde nicht in das vorliegende Trier-Reisebuch aufgenommen. Der Vollständigkeit halber seien sie hier angeführt:

Georges Bataille, Das Blau des Himmels. Roman. Aus dem Französischen von Sigrid von Massenbach und Hans Naumann. Matthes & Seitz Verlag 1990, S. 166ff.

Rudolf Binding, Moselfahrt aus Liebeskummer. Novelle einer Landschaft. Rütten & Löning Verlag Frankfurt am Main 1932, S. 7-45.

Otto Doderer, Das Kloster zum Guten Hirten. Aus: Merian, 4. Jahrgang 1952, Heft 11 »Die Mosel«, S. 60ff.

Kasimir Edschmid, Auto-Reisebuch. Fünfzehn Ferienreisen durch deutsche Flußtäler und Gebirge. L.C. Wittich Verlag, Darmstadt 1938, S. 101–103.

Wilhelm Hausenstein, Trier. Aus: Besinnliche Wanderfahrten durch Deutschland, Österreich und die Schweiz. Verlag Schnell & Steiner, München 1955.

Jakob Kneip, Porta Nigra. Roman unserer Zeit. Paul List Verlag, Leipzig/München 1946, S. 265-271.

Dolf Oehler, Sursum Bumbum. Vom Erhabenen zum Kitsch. Aus: Merkur 487/88, 1989, S. 790-799.

Weiterhin sei die Sammlung »Stimmen über Trier« von Emil Zenz erwähnt, die im Paulinus-Verlag Trier 1968 erschienen ist. Das unterirdische, aber auch das überirdische Trier finden wir in Ursula Krechels Erzählung »Sizilianer des Gefühls«, 1993 im Suhrkamp Verlag erschienen. Ebenfalls 1993 ist im Droste Verlag erschienen: »Trier in alten und neuen Reisebeschreibungen. Ausgewählt von Hans-Ulrich Seifert«.

Der Herausgeber: Michael Schroeder, geboren 1954 in Trier. Studium der Klassischen Archäologie, Geschichte und Kunstgeschichte in Trier, Athen und München. Forschungstätigkeit in Griechenland, Süditalien und Syrien. Lebt in Frankfurt am Main.

Umschlagabbildung: Porta Nigra. *Foto:* Werner Richner

INHALT

ANNÄHERUNGEN

PORTA NIGRA – DAS WAHRZEICHEN DER STADT

KLEINER AUSFLUG

LITERARISCHER SPAZIERGANG DURCH DIE ZEITEN

Antike

Mittelalter

Frühe Neuzeit

18. Jahrhundert

19. Jahrhundert

Moderne

DAS FEST KLINGT AUS

ANHANG

Literatur und Reisen
im insel taschenbuch

Alt-Prager Geschichten. Gesammelt von Peter Demetz. Mit Illustrationen von Hugo Steiner-Prag. it 613

Alt-Wiener Geschichten. Gesammelt von Joseph Peter Strelka. Mit sechs farbigen Abbildungen. it 784

Das andere Ferienbuch. Herausgegeben von Vera Pagin und Hans-Joachim Simm. it 1174

Ernst Batta: Römische Paläste und Villen. Annäherung an eine Stadt. Mit zahlreichen Abbildungen. it 1324

Berlin. Literarischer Führer. Von Fred Oberhauser und Nicole Henneberg. Mit farbigen Abbildungen. it 1412

Sigrun Bielfeldt: Literarischer Führer durch Moskau. Mit zahlreichen Abbildungen. it 1382

Bodensee. Reisebuch. Herausgegeben von Dominik Jost. Mit zahlreichen Abbildungen. it 1490

Bonn. Ein Städte-Lesebuch. Herausgegeben von Doris Maurer und Arnold E. Maurer. Mit zahlreichen Abbildungen. it 1224

Kai Brodersen: Die Sieben Weltwunder. Philon von Byzanz und andere antike Texte. Zweisprachige Ausgabe von Kai Brodersen. Mit zahlreichen Abbildungen. it 1392

Dresden. Ein Reiselesebuch. Herausgegeben von Katrin Nitzschke. Unter Mitarbeit von Reinhard Eigenwill. Mit zahlreichen Abbildungen. it 1365

Das Ferienbuch. Literarische Souvenirs, aufgelesen von Vera Pagin und Hans-Joachim Simm. it 1082

Dominique Fernandez: Süditalienische Reise. Aus dem Französischen von Julia Kirchner. Mit farbigen Fotografien von Martin Thomas. it 1076

Flandern. Ein literarisches Landschaftsbild. Herausgegeben von Werner Jost und Joost de Geest. it 1254

Florenz. Lesarten einer Stadt. Herausgegeben von Andreas Beyer. Mit zahlreichen Illustrationen. it 633

Florida. Reisebuch. Herausgegeben von Katharina Frühe und Franz Josef Görtz. Mit zahlreichen Abbildungen. it 1492

Theodor Fontane: Jenseit des Tweed. Bilder und Briefe aus Schottland. Mit zahlreichen Abbildungen und einem Nachwort herausgegeben von Otto Drude. it 1066

Georg Forster: Reise um die Welt. Herausgegeben und mit einem Nachwort von Gerhard Steiner. it 757

Frankfurt. Reisebuch. Herausgegeben von Herbert Heckmann. Mit zahlreichen Abbildungen. it 1438

158/1/8.92

Literatur und Reisen
im insel taschenbuch

Manuel Gasser: Spaziergang durch Italiens Küchen. Mit Bildern von Manfred Seelow. it 391

Johann Wolfgang Goethe: Italienische Reise. Mit vierzig Zeichnungen des Autors. Herausgegeben und mit einem Nachwort versehen von Christoph Michel. it 175

– Tagebuch der Italienischen Reise 1786. Notizen und Briefe aus Italien. Mit Skizzen und Zeichnungen des Autors. Herausgegeben und erläutert von Christoph Michel. it 176

– Tagebuch der ersten Schweizer Reise 1775. Goethes letzte Schweizer Reise. Mit den Zeichnungen des Autors und einem vollständigen Faksimile der Handschrift, herausgegeben und erläutert von Hans-Georg Dewitz. it 300/375

Dietmar Grieser: Wiener Adressen. Ein kulturhistorischer Wegweiser. it 1203

Hamburg. Ein Städte-Lesebuch. Herausgegeben von Eckart Kleßmann. it 1312

Victor Hehn: Olive, Wein und Feige. Kulturhistorische Skizzen. Herausgegeben von Klaus von See unter Mitwirkung von Gabriele Seidel-Leimbach. Mit farbigen Abbildungen. it 1427

Heidelberg-Lesebuch. Stadt-Bilder von 1800 bis heute. Herausgegeben von Michael Buselmeier. it 913

Heinrich Heine: Briefe aus Berlin. Herausgegeben von Joseph A. Kruse. it 1322

– Italien. Mit farbigen Illustrationen von Paul Scheurich. it 1072

Hermann Hesse: Mit Hermann Hesse durch Italien. Ein Reisebegleiter durch Oberitalien. Mit farbigen Fotografien. Herausgegeben von Volker Michels. it 1120

Mit Hermann Hesse reisen. Betrachtungen und Gedichte. Herausgegeben von Volker Michels. it 1242

Istanbul. Herausgegeben von Esther Gallwitz. Mit Illustrationen von Thomas Allom. it 530

Erhart Kästner: Griechische Inseln. Aufzeichnungen aus dem Jahre 1944. Mit einem Nachwort von Heinrich Gremmels. it 118

– Kreta. Aufzeichnungen aus dem Jahre 1943. Mit einem Nachwort von Heinrich Gremmels. it 117

– Die Lerchenschule. Aufzeichnungen von der Insel Delos. it 57

– Ölberge, Weinberge. Ein Griechenland-Buch. Mit Zeichnungen von Helmut Kaulbach. it 55

– Ölberge, Weinberge. Die Stundentrommel vom heiligen Berg Athos. 2 Bände in Kassette. it 55/56

158/2/8.92

Literatur und Reisen
im insel taschenbuch

Erhart Kästner: Die Stundentrommel vom heiligen Berg Athos. it 56

Kunstführer durch Sachsen und Thüringen. Herausgegeben von Katharina Flügel. Mit farbigen Abbildungen. it 1327

Carl von Linné: Lappländische Reise. Mit Zeichnungen des Autors. Aus dem Schwedischen übersetzt von H. C. Artmann unter Mitwirkung von Helli Clervall. it 102

Literarischer Führer durch Schwarzwald und Oberrhein. Ein Insel-Reisebuch. Herausgegeben von Hans Bender und Fred Oberhauser. Mit zahlreichen Abbildungen. it 1330

London. Eine europäische Metropole in Texten und Bildern. Herausgegeben von Norbert Kohl. it 322

Doris Maurer / Arnold E. Maurer: Literarischer Führer durch Italien. Ein Insel-Reiselexikon. Mit zahlreichen Abbildungen, Karten und Registern. it 1071

Doris Maurer / Arnold E. Maurer: Literarischer Führer durch Venedig. Mit farbigen Abbildungen. it 1413

Günter Metken: Reisen als schöne Kunst betrachtet. Erlebtes und Gesehenes aus fernen Ländern. Mit Photographien von Sigrid Metken. it 639

Mit Rilke durch das alte Prag. Herausgegeben von Hartmut Binder. Mit zahlreichen Abbildungen. it 1489

Michel de Montaigne: Tagebuch einer Reise durch Italien. Aus dem Französischen von Otto Flake. it 1074

Sigrun Bielfeldt: Literarischer Führer durch Moskau. Mit zahlreichen Abbildungen. it 1382

München. Ein Lesebuch. Herausgegeben von Reinhard Bauer und Ernst Piper. Mit zahlreichen Abbildungen. it 827

Fred Oberhauser / Gabriele Oberhauser: Literarischer Führer durch Deutschland. Ein Insel-Reiselexikon für die Bundesrepublik Deutschland und Berlin. Mit Abbildungen, Karten und Registern. it 527

Paris. Deutsche Republikaner reisen. Herausgegeben von Karsten Witte. it 389

Ernst Penzoldt: Sommer auf Sylt. Liebeserklärungen an eine Insel. Mit farbigen Zeichnungen des Verfassers. Herausgegeben von Volker Michels. it 1424

Potsdam. Ein Reise-Lesebuch. Herausgegeben von Doris Maurer und Arnold E. Maurer. Mit farbigen Abbildungen. it 1432

Prag. Ein Lesebuch. Herausgegeben von Jana Halamičková. Mit zahlreichen Abbildungen. it 994

Rom. Ein Städte-Lesebuch. Herausgegeben von Michael Worbs. it 921

158/3/8.92

Literatur und Reisen
im insel taschenbuch

Salzburg. Ein Städte-Lesebuch. Herausgegeben von Adolf Haslinger. Mit zahlreichen Abbildungen. it 1326

Schleswig-Holstein. Ein Reiselesebuch. Herausgegeben von Dieter-Alpheo Müller und Fred Oberhauser. Mit zahlreichen Abbildungen. it 1393

Südtirol. Ein literarisches Landschaftsbild. Herausgegeben von Dominik Jost. it 1317

Toskana. Ein literarisches Landschaftsbild. Herausgegeben von Andreas Beyer. Mit Fotografien von Loretto Buti. it 926

Tübingen. Ein Städte-Lesebuch. Herausgegeben von Gert Ueding. Mit zahlreichen Abbildungen. it 1246

Umbrien. Reisebuch. Herausgegeben von Isolde Renner. Mit zahlreichen Abbildungen. it 1491

Venedig. Herausgegeben von Doris Maurer und Arnold E. Maurer. Mit zahlreichen Abbildungen. it 626

Warum in die Ferne? Das Lesebuch vom Daheimbleiben. Eingerichtet von Hans Christian Kosler. it 1332

Die Welt der Museen. Herausgegeben von Joachim Rönneper. it 1493

Westfalen. Ein Reiselesebuch. Herausgegeben von Hans Georg Schwark und Fred Oberhauser. Mit zahlreichen Abbildungen. it 1394

Wien im Gedicht. Herausgegeben von Gerhard C. Krischker. it 1488

158/4/8.92